JN081610

市場とイノベーションの企業論

亀川雅人・粟屋仁美・北見幸一 編著

Corporate
Theory of
Market &
Innovation

中央経済社

は し が き

　企業経営の主体は人間であることより，経営学は人間学であると言えよう。経営において人間は，経営者，従業員，雇用者，被雇用者，株主等，分類によって立場が異なる。また経営に関与するプレイヤーは人格を持った人間のみでなく，法人格を有した企業も含まれる。人や企業にはそれぞれドラマがあり，経営学は人生学であるとも言える。経営学は泥臭い人間の学問である。

　本書は，そうした人間臭い企業の経営学を，私有財産を交換する「市場」と，その社会の発展に欠かせない「イノベーション」の２つの側面よりアプローチし，客観的にかつ社会科学的に考察した書籍である。

　テーマの１つである市場は，資本主義経済の基軸であり，私有財産を売買する場である。別言すれば費用を介して生産物の所有権を移管する場である。市場には，企業が商品やサービスを販売する財・サービス市場と，商品やサービスを製造するために必要なヒト・モノ・カネを売買する生産要素市場の２つある。どちらの市場にも売り手と買い手の２種類のプレイヤーが存在する。売り手が売りたいと思う売値と，買い手が支払ってもよいと考える買値は等しくはない。売り手と買い手の間には，情報の非対称性を所与としつつ，ある種の駆け引きが行われる。売り手は自らの商品やサービスに利益を含みながら売りたいし，買い手は自らの価値に沿う適正価格で，そして安価に買いたい思いがある。売り手と買い手の強弱は，価格決定権をどちらが持つかで決まる。われわれが何気なく購入する日常品も，１つ１つにこれらのやりとりが行われ，時に市場の失敗と言われる諍い（いさか）が生じる。なんともドラマチックである。

　もう１つのテーマであるイノベーションは，資本主義経済社会が成長し発展するために必要な「事件」である。イノベーションについての学術的な解釈は，本書内で説明が付されているのでそちらに譲るとして，雑駁に述べるならば，過去には存在しなかった新規のハードやソフトの創造である。生物の筋肉が動

力となる馬車や人力車などに対し，ガソリンや電気が動力となる自動車の出現は「事件」である。固定電話に対して，持ち歩いて電話ができるどころか動画や音楽を楽しむことができるスマートフォンの登場は「事件」である。経営を担う企業は，他社より先んじて「事件」を起こすことにより先行者利益を得ることができる。こうした「事件」は，われわれの生活や社会を便利にする。「事件」の積み重ねは，社会を成長させ発展させる。時に成熟という成長の停滞に陥り，われわれは今後の方向性を見失い迷うこともある。そこで，また「事件」が必要になる。「事件」としてのイノベーションは，成長することに喜びを見出す人間に必要であり，さまざまな市場で生じる。

　本書は，私有財産を交換するあらゆる場における「事件」を，18人の著者の視点で説明している。ここで本書の構成について説明しよう。本書は序章と17の章から構成されており，17章は大きく4つに分類される。序章は「秩序と進化の多様な市場観」と題した本書のテーマの解題であり，市場とイノベーションに含有される経営学の問題意識やテーマ，着眼点を提起している。

　続く第1部は，「イノベーションにおける組織・事業開発プロセス」として，組織デザイン，日本企業の市場創造型イノベーション，アジャイル型思考企業の組織について議論している。第2部は，「市場の失敗とイノベーション」として，企業とステークホルダーの関係について，企業と社会論，ESG投資による資源再配分プロセス，ソーシャル・キャピタル，パブリックリレーションズの観点より検討している。第3部は「多様なイノベーション」として，企業経営に内在する多種多様なイノベーションのもとについてまとめている。企業の研究開発，第1次産業や中小企業の戦略，生命保険産業，医療産業など対象は多岐にわたっている。第4部は「イノベーションを生む市場」とし，企業家，日本市場，グローバル市場，M&A，MM命題理論等，主に金融市場について検討されている。

　本書は，各章が独立しているため，前から順に読む必要はない。興味のある章のみ選択し，理論を完結することが可能である。また学術的な内容であるが，多様な読者にも受け入れられるよう配慮して叙述した。よって気軽に手に取っ

ていただき，市場やイノベーションについてご意見を賜ることができれば幸甚である。

　最後になったが，編著者の亀川雅人先生（立教大学），北見幸一先生（東京都市大学），執筆者の諸先生方に感謝する。出版情勢の厳しい中，本出版に賛同し協力してくださった中央経済社代表取締役社長の山本　継氏，編集長の納見伸之氏，副編集長の市田由紀子氏のご厚情に深く感謝する次第である。

編著者を代表して

粟屋仁美

目　次

（1）組織変革とモラール問題　20

（2）イノベーション志向の組織変革と経営に対する信頼　21

第2章 日本企業による市場創造型イノベーションへの解 …… 25

1 我が国における新市場創造をめぐる背景　25

2 市場創造型イノベーションに成功するグローバル企業　26

3 大企業における新規事業開発プロセスの特徴　31

4 大企業における市場創造型イノベーションへの解　33

第3章 イノベーションとアジャイル型思考 …………… 36

1 イノベーションを起こすための俊敏なプロセス　36

2 アジャイル　37

3 ウォーターフォール・モデル　39

4 アジャイル型思考　40

5 アジャイルとイノベーション　41

第2部　市場の失敗とイノベーション

第4章 企業の社会性とイノベーション ……………… 46
—社会的課題を解決するビジネス創造

序　章

秩序と進化の多様な市場観

1／ 知識と経験の交換

　学問は，何を認識対象とするかによって分類される。人間の意思や行動の及ばない自然を対象とする自然科学と人間の本性や人間が関わる諸問題を対象とする人文科学がある。人文科学は，複数の人間の意思決定や行為，集団などを認識対象とするときに，社会科学となる。市場の研究は，物的な交換関係として捉えることができるが，その交換の背後には，人と人との関係性という社会制度があり，社会科学の枠組みで論じられる。しかし，市場の捉え方は論者によってさまざまである。

　築地市場を描写した絵画を想定しよう。鑑賞者は，それぞれに異なる視点で絵を眺める。市場取引を静止画として観る人や動画の一場面として鑑賞する人，築地の歴史に思いを馳せる人，取引方法やその形成，市場に関わる人々の暮らしに興味を抱く人もいる。さらには，取引される魚の大きさや質，その価格に興味を持つ人もいるであろう。画家は，絵の具の色や塗り方に関心を持つかもしれない。1枚の絵は，それを鑑賞する人の経験や知識，価値観などによって多様な視点を持つことになる。

　市場は，商人が集い，商品を売買する具体的な場や売買行為の総体を抽象的に示す概念である。売買される対象物は，具体的な形や数量を持つ製品から無形のサービスまで多様である。これらを交換の対象とするには，その機能や品

質，希少性など，多種多様な情報を理解しなければならない。一尾の魚でも，大きさや重さに加えて，産地や鮮度，肉質や油の多寡などの情報が必要になる。その売買には専門的な知識と経験が必要になり，情報の交換によって価格が成立する。すなわち，市場とは人々の情報交換の場であり，専門的業者の登場により，売買に伴う情報は高度な知識と豊富な経験が必要になる。

　市場の見方は，人文科学や社会科学のみならず，自然科学的な研究方法の影響を受ける。経済学の主流派とされる市場理論では，意思を持つ人間の行動を意思のない自然の運動として捉えようとする。価値観や倫理観などの人間特有の問題を所与として，物理法則の相似形とすることで，複雑な事象を単純に理解し，説明することが可能になる。このような抽象的理論は，多様な事象を説明できる応用可能性が広い。高い評価を受ける理論は，実務上の知識や技術と融合しながら，人間の活動に還元される。

　多くの人々は，過去の有力な仮説の虜になっており，研究者の成果も例外なく過去の学説に基づいて評価される。新しい知識は，常識を形成する既存の知識の枠組みで評価されるため，これと対立する知識は衝突をもたらす。コペルニクスの地動説は，常識化した天動説を覆す革新的な知識であった。大航海時代，船舶の位置を観測する技術は，天動説では説明できない誤差をもたらしており，新たな理論が必要であった。地動説という新しい知識の伝播は，天動説と整合的であった理論を淘汰していく。人々の価値観を変化させ，新たな技術となって人々の暮らしを変化させる。

　普通の人は，自らの生活に関わる知識を日常的な言葉として，コミュニケーションを行う。それは新たな知識を阻む城壁となるが，城壁を乗り越える知識が登場すると，新たな言葉を用いたコミュケーションが成立する。知識を交換する市場は，イノベーションと呼ばれる変換装置によって新市場に生まれ変わる。

　経済学の主たる認識対象は，人々の知識や経験が凝集した商品を取引する市場である。経済学の目的やその研究方法は多様であるが，多くの経済学者は資源の制約下における豊かさの追求を研究している。資源に恵まれていれば，労

せずに豊かな暮らしができる。しかし，自然資源（土地）には限りがあり，これを人間の知恵と肉体（労働力），そして技術の結晶である道具や機械（資本）を用いて財・サービスに変換しなければならない。自然に制約があることが，人間の知識や技術を高度化し，市場の取引を形成するのである。

　土地，労働力，そして資本という希少な生産要素を最適に配分することで豊かさを享受する。何を誰のために生産すべきなのか。それは，どのような方法と費用で，誰が生産すべきなのか。経済学は，これらの問題解決のために市場の価格機構を用いている。生産物と生産要素の価値を需要と供給という概念を用いて解明しようとする。それは，人間が培った知識と経験を市場という観点から体系化する。

　アダム・スミス（Adam Smith）は，「神の見えざる手」という比喩により市場を説明する。希少な資源は，特定の計画者による人為的な配分ではなく，個々人の私的利潤の追求によって最適に配分されるという。人々の欲する財・サービスが不足していれば，需要が供給を上回り価格が上昇する。価格上昇は，利潤を求める生産者を増やし，その生産のために資源が投入され，不足を解消する。一方，余剰生産物の価格は低下し，コストを回収できない生産者が撤退する。こうした私的利潤の追求が，市場における企業の参入と退出となって資源の最適配分を実現する。価格に織り込まれた人々の知識や経験は，参入と退出によって，その価値を入れ替える。

2／分業の利益

　市場は，私的利潤の追求により，社会の豊かさを実現するという矛盾を内包する。人々の生活は，多種多様な財とサービスの消費活動である。現在の衣食住や余暇を楽しむだけでなく，有形・無形の資産を貯蓄することで，将来の消費を楽しむことができる。現在および将来の消費に基づく人々の効用を最大化するために，さまざまな人が役割を分担する分業と協業の体系が構築される。

　人々は，豊かな生活を享受するために，気ままな自給自足的生産活動から，

　組織化された分業と協業の生産活動を選択する。分業経済は少数であっても成立するが、参加者が増えるに従って生産性が高められる。少数の分業では、不得手な仕事も担わねばならない。しかし、参加者が増えれば、自分よりも向いている人に代替できる。漁師や農家、大工や鍛冶屋になる人など、人々が相対的に得意とする仕事に特化すれば、全体としての生産物は増加する。スミスがピン工場の生産事例で示したように、分業は驚くほど生産性を高める。

　分業経済は人々を豊かにするが、生産物に偏りを生じる可能性がある。その調整機能が市場価格である。魚と穀物の交換比率（価格）を比べ、魚が有利な交換であれば漁師が増えて農家の担い手がいなくなる。しかし、農家が減れば穀物の供給は減り、穀物価格の上昇が農家の所得を増やすことになる。利潤を追求する生産者が、価格動向によって、生産物の偏りを調整することになる。

　魚と穀物が一時的で偶発的な交換であれば、交換比率は交換当事者の交渉力によって決まる。日常的に交換する市場が形成されると、その交換比率は市場関係者間の標準的な価値尺度となる。市場の形成は、魚や穀物が人々にとって必要な財となった証であり、その価格は特定の農家や漁師の主観的価値を離れ、客観的な価格となる。

　魚や穀物の市場が成立すると、漁師や農家は販売を目的とした専業者になり、同業の専業者と競争することになる。魚一尾の市場価格が同一であれば、漁獲量を増やすことで豊かな生活が期待できる。漁師一人当たりの所得を増やすために、網や釣り竿、漁船などの道具（資本）を作り、生産性の向上に努める。資本を所有する漁師は、労働時間を短縮することができ、生活も裕福になる。

　網や漁船（資本）を所有する漁師は、労働力しか提供できない漁師を雇うようになる。資本家と労働者の機能は分化し、その所得は利子・利潤と賃金に分類される。資本と労働力は、漁をするための代替的な生産要素となる。

　漁業や農業に従事する人が増えると、網や釣り竿、漁船、鍬や鋤を専門的に生産する業者が誕生する。資本はあらゆる消費財の生産のために必要であり、商品開発のたびに新しい生産手段が考案される。この関係は、連鎖的・波及的効果を持つ。漁船を作るには、材料となる木材が必要であり、木材を切り倒す

斧や鋸が必要になり，斧や鋸の生産には，鉄が必要になるという具合である。

　消費財市場であるB2C（Business to Consumer）市場が成長すると，同時に，その生産手段となるB2B（Business to Business）市場を成長させる。魅力的な1つの商品がB2C市場を形成すると，資本財の市場も拡大して資本蓄積が進むことになる。B2B市場の成長は，資本の蓄積過程であり，生活者の効用を高めるために存在する。それゆえ，資本財の価格は，最終的な消費財の価格に基づくことになる。魚の価格が上昇すれば，漁師の賃金が増えるだけでなく，網や漁船の需要が増加し，その価格を上昇させることになる。

　価格は，取引を介して，財・サービスの情報を織り込みながら伝播していく。必要な財・サービスの情報のみならず，これを生産するための自然資源や労働力，そして資本を評価する。市場は価格に情報を織り込ませる仕組みである。

　市場の成長に不可欠な道具は，貨幣である。魚と穀物の交換は，余剰の魚を持つ者が穀物を欲し，余剰の穀物を持つ者が魚を欲していなければ成り立たない。価値尺度を有する貨幣は，貨幣を介した間接的交換により，こうした偶然の交換に頼る必要がなくなり，B2C市場を成立させる。

　貨幣は価値尺度と交換手段に加え，貯蓄機能を有する。穀物を貯蔵できても，魚は長期間保蔵できない。しかし，貨幣を貯蓄しておけば，数年後でも魚を消費することができる。価値貯蔵手段となった貨幣は，B2B市場の形成と成長に貢献し，自身の将来消費のみならず，貸出や出資により，他人の現在消費に利用される。漁師が船を建造する投資活動は，船の生産に携わる人々の消費活動を支えるのである。貯蓄が投資活動に結びつくことになる。自己資本の企業に他人資本を集め，銀行や証券市場を生成し，金融資本市場の価格として利子や資本コストの概念を形成する。

　貨幣を介した交換は，市場を拡大する。貨幣を受け取った物は，一部を消費生活に使い，残りを貯蓄する。貨幣が譲渡されるたびに消費財の購入と生産が増え，貯蓄した貨幣は金融機関を介して企業の投資活動に回る。企業が投資すれば，その資金も消費と貯蓄に分解され，市場を拡大していく。

3／ 情報探索機能

　市場が「神の見えざる手」となって，最適資源配分を実現するには，特殊な条件を設定しなければならない。それが完全競争市場である。多数の需要者と供給者が，財・サービスの情報を完全に認識し，売買や参入と退出に関するコストがかからない状況である。この条件によって，同一の財・サービスの価格は，同一時点で1つしか成立しない。一物一価の法則である。しかしながら，市場が機能するための重要な知識や経験は捨象されることになる。

　こうした条件設定の下に需要関数と供給関数を想定して，両者の交差する点が均衡価格となる。買い手と売り手が納得した価格で取引する価格である。しかしながら，買い手は，自らの欲する財・サービスの売り手を探さねばならない。買い手は自らが欲しい財・サービスの情報を集めなければならない。

　現在のようにインターネットによる検索サービスがあれば簡単かもしれないが，それでも多数の売り手の中から，自らに適した売り手を発見するのは容易ではない。しかも，売り手の財・サービスの質・量を相互に比較し，評価するのは難しい。財・サービスの質・量は，購入した後で初めて認識できる。そもそも同じ質のモノが生産されるのは，大規模な少数の生産者が登場した後であり，小規模な生産者の財・サービスはすべて差別化された個性的商品である。

　売り手の供給する財・サービスの質・量は，買い手の試行錯誤的な探索過程によって評価される。優れた生産者に関する情報は，買い手の探索的活動によって徐々に認識され，特定の生産者に注文が殺到するようになる。一方，劣位にある生産者の注文は減り始め，市場から退出しなければならない。情報収集の能力とこれを解析する知識が問われているのである。

　市場の売買は，売り手のリターンと買い手のコストの比較考量である。買い手のコストは機会費用であり，選択肢の中から1つを選択して購入する。この選択的な行動は情報を集め，その真偽を確認するプロセスである。売り手は自身が供給する生産物の情報を有しているが，買い手は不完全な情報の中で選択

しなければならない。この探索的で試行錯誤的な取引を経て，初めて売り手と買い手が納得する価格となる。多数の差別化された財・サービスの価格が需給均衡の価格になるのは，奇跡的な状況である。

　豊洲市場のマグロのせりを考えてみよう。売り手も買い手も，マグロの中身は食されるまでわからない。漁師から購入する卸や仲卸の業者も，さばくまで質がわからない。スーパーの店頭に並んだマグロの刺身は，価格を表示して販売するが，最初に購入した消費者と閉店近くに購入する消費者の価格は異なっている。生鮮食料品は，時間とともに価格が改定され低下していく。家電製品のような耐久消費財も，在庫が増加してくると価格を低下させることになる。現実の価格は，取引が成立した時点でも，その評価に関しては確定していない。売買が成立した事実と，情報を確認して需給が釣り合う状況とは異なるのである。売買による価格の成立は，知識として記録され，次の取引に引き継がれる。

　機械化が進み，大規模な生産設備と組織的生産活動が低コストで財・サービスを生産する時代となると，完全競争市場の条件はさらに現実を説明できなくなる。少数の生産者が多数の消費者に価格を提案し，その受け入れを迫ることになる。売り手は計画と組織化により財・サービスを生産し，その情報をマスメディア等を通じて消費者に伝達する。

　情報を探索して成立するはずの価格は，企業という組織が占有する情報によって決められる。多数の買い手は提示された価格に基づいて，財・サービスを購入する。買い手の情報探索活動は受動的になるが，商品の良し悪しは口コミなどを介して評価される。

　IoTやAIは，情報を独占するGAFA（Google, Apple, Facebook, Amazon）のような巨大企業を誕生させる一方で，中小零細企業の生産方法や販売方法も変化させる。それは，試行錯誤的な市場取引からこぼれ落ちた情報を補完し，価格情報を補正する。インターネットなどを介した情報通信技術の発達により，より速く正確な顧客情報が集められる。市場価格は，完全競争市場のような需給均衡ではなく，情報を独占する企業によって支配されることになる。

4 / 分業による犠牲

　財・サービス市場に登場する役者は，生産者である企業と消費者である家計である。他方，生産要素市場では，土地を所有する地主と労働力を提供する労働者，そして資本を供給する資本家という配役になる。

　人間の生産活動は，自然資源を加工する行為である。自然資源は希少であり，その供給力には制約がある。土地の供給は固定されているため，その価格は最終的な消費者の効用最大化に貢献するか否かという需要によって決まる。

　起業する資本家は，自然資源の価値を評価して投資する。工場にするか，店舗にするか，農業やその他の資源採取に利用するかは資本家次第である。資本家は，自らの私有財産を投じて，土地の利用方法を決定し，労働者を雇用して生産活動を行う。

　労働者は，資本家の描く事業の成否によって雇用され，熟練度に応じて労働力を提供し賃金を得る。資本主義社会では，資本家の将来予想にすべての所得が関わることになる。

　証券市場と株式会社の発展は，不特定多数の零細な資本家の資本を結合し，生産要素の利用を特定少数の資本家や経営者の意思決定に委ねることになる。それは，市場の資源配分とは異なり，企業組織内の資源配分を必要とする。組織内の資源配分は，売買取引ではなく，経営者による管理に委ねられる。コース（Ronald H. Coase）やウィリアムソン（Oliver Eaton Williamson）による取引コスト論は，市場と組織の代替関係を説明する。

　取引コストとは，限定合理性と機会主義的行動を前提とする。人々は限られた情報収集能力や分析能力しか有さない。しかも，自らの利益を得るために，情報の格差などを利用した狡猾な機会主義的な行動を行うことがある。そのため，売買を行うに際しては，こうした前提に基づいて契約を行うことになる。

　不完備な契約状態にならざるを得ないが，双方ともに自らの利益を守るために，この不完備な状態を完備な契約に近づけようというコストが発生する。売

買契約が成立した後も，契約が履行されているかを監視・監督するコストが発生する。これらのコストが取引コストである。このコストが高ければ，他社からの購入をあきらめ，自社での生産を選択する。損益計算書における「販売費および一般管理費」の勘定項目は，そのほとんどが取引コストに関わる費目である。

　株式会社が大規模組織を形成する時代には，完全競争市場を抽象化することが困難である。資本調達と資本の運営管理を行う財務・経理機能，労働市場からの雇用と内部における人的資源を配分する人事・労務機能，そして購買から生産，販売までの機能を組織的に行うことになる。これらは経営学の認識対象となる。企業組織内の情報や知識は，市場とは隔離され，これが企業に価値をもたらす源泉となる。

　会計帳簿に記録される「販売費および一般管理費」は，経営理念やビジョンの共有，労働者のモチベーションや組織へのコミットメントなど，製品原価以外の他企業と競争するための経営管理費用がすべて含まれる。

　企業に固有の経営哲学は市場の価値観と異なる。業種が同一でも，さまざまな利害関係者が特定の企業にコミットするには意味がある。顧客，株主，債権者，経営者，労働者，その他の利害関係者との調整が，経営学の対象となる。

　取引コストは，市場と組織の比較優位を論じるだけではない。取引コストの概念からわかるように，これは商人の活動であり，商業の領域である。生産を開始するための購買や生産した財・サービスの販売は，商業活動であり，広告や宣伝活動，契約書の作成や納品，請求，決済などの業務が必要になる。

　労働者の雇用や資本調達も人材派遣や金融機関のサービスを利用する。こうした商業活動は，財・サービスの質量の増加に応じて，その取引を拡大している。企業が生産物を完成させても，自動的に販売されるわけではない。つまり，商業活動が市場取引そのものなのである。

　商学は，この部分を認識対象とする。商品や資本，労働は，これを売買する市場取引の視点で見ることができる。顧客に対する情報提供は広告機能が必要であり，資本調達には投資家向けのIR活動が必要である。労働者の雇用には，

多くの費用が必要になる。

5 人間の取引を考える

　市場は完全ではなく，自由放任主義的な市場観は幻想にすぎない。市場は「神の見えざる手」ではなく，人間による人為的な考案物であり，欠陥だらけで失敗を繰り返す。市場の欠陥を補うために，さまざまな制度や新たな組織化した企業が誕生する。

　市場の秩序は，繰り返し行われる取引の中から，機会主義的な取引を排除し，「正しい」という価値観を持った取引を形成させる。市場取引に関する制度は，こうした価値観に基づく法的な体系にもなる。「正しい」という価値観の形成は，一定の社会的背景からもたらされている。

　この秩序は，常に新たな製品やサービスの創造によって変化を強いられる。製品やサービスを評価する普遍的で科学的な基準はない。市場は，多くの個々人が主観的に判断するプロセスを介して，価格情報に転換される。市場価格は観察可能な客観的価格ではあるが，そのプロセスは不特定多数の人々の価値観や知識，経験，感情などが関わっている。

　市場経済は，私有財産を円滑に交換する仕組みを構築する。しかし，市場が機能するには，財産権の私的所有を保障する法律が必要になる。売買に関する取引により，所有権の譲渡が確認できなければ，市場取引は成立しない。独占的取引を規制し，危険物の取扱いや麻薬などの取引が規制もしくは禁止される。食品の安全規準や建築物の最低基準，医師や弁護士などの国家資格制度などで，情報の非対称性による被害や損失，不当な利益を抑止している。

　私的財産を増やすためには，その費用は私的に賄わねばならない。自動車は便利な移動手段であるが，排ガスによる大気汚染や交通事故などの社会的問題をもたらす。それは，多くの人々が想像しなかった犠牲を社会に強いることになる。こうした社会的費用を負担せずに，私有財産を増やすことは許されない。市場に委ねるだけでは，社会的費用の私的費用化は失敗する。財・サービス市

場のみならず，労働市場や金融資本市場に関しても同様である。市場の秩序や制度の形成は，企業組織の秩序や制度に変更を強いることになる。

　また，画期的な新商品の多くは，既存の法律や規制に適さず，市場秩序に混乱をもたらすことがある。ネット販売やブロックチェーンによる仮想通貨の取引が誕生すると，これまでとは異なる取引形態に対応した法律が必要になる。新しい事業が登場するたびに，取引方法などの法制化が検討される。生産や販売に関する法律や規制が整備されることで，市場取引は円滑に行われる。

　新しい情報技術は，市場の情報探索機能と企業の組織内情報の競争を変化させる。市場と企業の競争，その競争環境を整備する商業資本の蓄積，利害関係者の政治的交渉を通じた規制とその緩和，競争のルールを構築する法や慣習，そして，その背後にある人々の価値観など，人々の取引に影響を及ぼす要因は多様である。

　市場は意思を持つ人間の取引であり，その秩序は日々変化している。イノベーションのような突然変異による進化を含み，多様性を拡げている。本書の目的は，こうした多様な人間の行為として市場を認識することにある。

第**1**部

イノベーションにおける
組織・事業開発プロセス

第1章

企業のイノベーションと
組織デザイン

1 現代企業の戦略的課題
── イノベーションと組織デザイン

　20世紀を特徴づけた冷戦構造の崩壊，世界経済のグローバル化の進展と急速に進む技術革新は，グローバル市場におけるコスト競争圧力を強めるとともに製品や技術のライフサイクルを短縮化し，政治的情勢の不安定さも加わり現代企業の経営環境の不確実性を著しく高めている。近年ではこうした経営環境は，その特性を表現する言葉の頭文字からVUCA（volatile, uncertain, complex, ambiguous）と呼ばれている（Schoemaker, Heaton & Teece [2018]）。

　こうした不安定かつ不確実で複雑かつ曖昧な経営環境において，我が国ならびに先進各国の企業は利益を確保すべく費用低減に努めつつも低コスト競争の限界に直面している。現代企業は「ポスト産業資本主義」的状況において競争せざるを得ない（岩井 [1992]，58頁）。ポスト産業資本主義においては「新技術や新製品のたえざる開発によって未来の価格体系を先取りすることのできた革新的企業がそれと現在の市場で成立している価格体系との差異を媒介して利潤を生み出し続け」ることが可能となる（岩井 [1992]，58頁）。かくしてポスト産業資本主義的状況においては持続的，連続的なイノベーションの実現が最も重要な戦略的課題となる。

　こうしたイノベーションの実現については企業者の「洞察」（シュムペーター [1926]，邦訳 [1977]，224頁）や「経営構想力」（大河内 [1979]），優れ

た研究開発技術者や卓越した技術開発部門はもちろん重要であるが，現代企業における持続的なイノベーションの実現について強調されるべき点はこれが企業者の個人的な創造的知性や技術的な課題にとどまらない，すぐれて「組織的」な課題であるという点である。

　例えばバーゲルマン（Burgelman）らは，「イノベーションは，技術的能力のみならず，製造やマーケティング，流通，人的資源管理といった他の必要不可欠な諸能力に依存している」と指摘し（Burgelman *et al.* ［2009］，p.9），ティッドらも同様にイノベーションの成否は「技術的なリソース」のみならず「これらをマネージする組織の能力」に依存すると指摘する（Tidd *et al.*, 邦訳［2004］，57頁）。

　今日の企業における持続的，連続的なイノベーションの実現は組織横断的な協働のプロセスを通じて実現される課題にほかならない。組織的な協働関係の構築を「組織デザイン」と捉えるならば，持続的，連続的なイノベーションの実現という現代企業の戦略的課題にとって組織デザインが「戦略的変数」となる（Daft & Lewin ［1993］）。

　本章では，こうしたイノベーションを実現するための組織デザインについて，その代表的な組織モデルを説明し，そうした組織デザインの実現における経営者の役割とはいかなるものであるのかを検討する。

2／イノベーション志向の組織モデル

　イノベーションの実現を支援し得る組織デザインをイノベーション志向の組織デザインとここで称するとすれば，過去の組織研究の蓄積にイノベーション志向の組織デザインのモデルを見出すことができる。本節ではその代表的な組織モデルを取り上げ，そこからイノベーション志向の組織デザインの特徴や論理を明確にしよう。

(1) 有機的管理システムと機械的管理システム

　イノベーション志向の組織デザインに関する古典的研究としてしばしば取り上げられる研究が，バーンズ（Burns）とストーカー（Stalker）の研究である。彼らは，第2次大戦後のイギリスのエレクトロニクス産業に参入を試みた20の事業組織を対象に，その成否が市場環境や技術環境の変化に適合的な管理システムへの採用いかんに依存していたことを参与観察や面接調査を通じて明らかにした（Burns & Stalker［1961］）。バーンズとストーカーは，市場環境や技

図表1－1　管理システムの理念型

機械的管理システム	有機的管理システム
①全事業体が直面する問題やタスクは細分化され職能的タスクに専門分化される。②個々のタスクは事業体とは別個の技術や目的が追求されるような抽象的性質を備えている。③個々のタスクの遂行は階層の各レベルにおいて直接の上司によって調整される。④個々の職能的に付随する権利，義務，技術的手続きや手段が厳密に定義されている。⑤そうした権利，義務，技術的手続きや手段が職能的地位の責任へと転化される。⑥コントロール，権限，コミュニケーションの階層的構造。⑦現状に関する知識が階層構造の最上位に集中することで階層構造が補強され，ここにおいて最終的に個別のタスクの調整とその適切性の評価が行われる。⑧構成員間の相互作用は垂直的。⑨業務遂行と作業行動は上位者による指示や決定によって統御される。⑩上位者への服従と事業体への忠誠心が強調される。⑪組織の内部的・ローカルな知識や経験およびスキルがより一般的な知識や経験よりも重視され高く評価される。	①専門的知識や経験は事業体の共通のタスクに対する貢献的性質を備えている。②個々のタスクは事業体の全体的状況を踏まえて把握される実際的性質を備えている。③他者との相互作用を通じて個々のタスクの調整や継続的な再定義がなされる。④限定的領域における権利，義務，手続きや手段としての責任の放棄。⑤技術や職能を越えた事業体に対するコミットメント。⑥統制，権限，コミュニケーションのネットワーク構造と企業の存続と成長に対する職場組織の利害共同体に基づく是認。⑦タスクの技術的あるいは市場的性質に関する知識が存在する場所が臨機応変にコントロールとコミュニケーションのセンターとなる。⑧指示命令より相談や協議に類似する水平的なコミュニケーション。⑨コミュニケーションの内容は情報や助言から構成される。⑩事業体のタスクへのコミットメントや物質的進歩や発展という技術的エートスに対するコミットメントが尊重される。⑪企業外において通用する専門的知識や協力関係が重視され高く評価される。

術的要因の変化率に応じて適合的な管理システムは異なることを明らかにし，2つの異なる管理システムの「理念型（ideal types）」（Burns & Stalker［1961］，p.5）を提示した。

　こうした2つの管理システムの理念型はそれぞれ「機械的管理システム」と「有機的管理システム」として概念化され，**図表1－1**の表にまとめられるような特徴を備えている（Burns & Stalker［1961］，pp.119-122）。

　バーンズとストーカーによれば，市場や技術の変化率の低い安定的な環境においては「機械的（mechanistic）」管理システムが適合的である。一方，技術や市場環境の変化率が高く，それゆえイノベーションが要請されるような，より変動的な環境においては「有機的（organic）」管理システムが適合的となるのである。

　イノベーション志向の組織デザインをいかに実現するかといった課題に対して，バーンズとストーカーの組織モデルは，デザイン上の要件を示しているといえよう。

(2) コンティンジェンシー理論と有機的組織

　バーンズとストーカーのモデルはその後の組織の構造的特性とイノベーションとの関係に対する実証研究の展開を促した（Hage & Aiken［1967］；Aiken & Hage［1971］；Hull & Hage［1982］）。

　エイケン（Aiken）とヘイジ（Hage）は有機的管理システムの11項目の特性から5つの「有機的組織」の組織特性を構成し，組織における専門的知識や能力の多様性（複雑性），組織の計画的コミュニケーション，部門内外の日常的なコミュニケーションといった組織特性がイノベーション実現に重要であることを明らかにした。

　また，組織特性が有機的組織より機械的組織に近づくほどイノベーションは生まれないのではないかという観点からハル（Hull）とヘイジは階層分化，意思決定の集権化，フィードバックによるコントロールの欠如，生産技術の硬直性はいずれもイノベーション率と負の相関関係にあることを検証し，組織構造

がより有機的タイプに近似すればするほどイノベーション率は増大するとしたのである（Hull & Hage［1982］, p.571）。

(3) 有機的組織の組織特性

　バーンズとストーカーの研究を基礎とした有機的組織の組織特性とイノベーション実現との関係に関する実証研究はその後もさまざまな変数を組み込み多様に展開されてきた。こうした多様な実証研究の成果についてダマンプア（Damanpour）はメタ分析を行いそうした研究で焦点となった組織特性とイノベーションとの関係を検証した（Damanpour［1991］）。

　メタ分析から, 専門化, 職能分化, プロフェッショナリズム, 変化への経営者の態度, 技術的知識資源, 経営管理集中度（管理者比率）, スラック資源, 組織外および組織内コミュニケーションといった組織特性はイノベーション実現に積極的な影響を及ぼすが, 集権化は否定的な影響を及ぼすという結果が得られた。

図表1－2　**有機的組織の組織特性**

組織特性	特性の記述
専門特化	より多様な専門的能力および専門的知識を基盤としていること
複雑性	機能的分化が進んでおり, 専門家の機能横断的な連繋がより進展していること
プロフェッショナリズム	組織の境界間活動がより多く遂行されていること, 自己の能力に対する自信を備えていること, 現状を打破していくことに対するコミットメントが見られること
内的コミュニケーション	アイデアの組織横断的な拡散に資する組織風土が形成されていること, より活発な知識の交流が行われていること
外的コミュニケーション	環境へのより活発な探索活動とやりとりが行われていること, 組織外の専門的活動が行われていること, 他の組織との協力的提携が行われていること
技術的な知識資源	技術的に卓越した人々を惹きつけ, そうした人々の知識資源の開発と教育に対して投資がなされていること
経営管理者の変化に対する態度	経営管理者において変化に対してより積極的な態度が見られること

　バーンズとストーカーによる有機的管理システムとそれに連なる有機的組織のコンティンジェンシー理論研究，さらにその後の実証研究の成果に対するダマンプアによるメタ分析の結果から有機的組織はイノベーション実現に貢献するといえよう。改めて有機的組織の組織特性は**図表 1 － 2**のように整理できる（Damanpour & Aravind［2012］，p.503；山中［2019］）。

（4）アドホクラシー（革新的コンフィギュレーション）

　組織が構成要素や変数の単なる集合ではなく，それぞれ特殊な相互依存関係にある要素からなる 1 つのシステムとして機能するものであるとすれば，その機能の論理の解明やデザイン論理の把握には，まさに組織を 1 つのシステムとして，その全体性において把握するような視点が重要となる。

　こうした視点からミンツバーグはより統合的なシステムとして組織を捉える類型として「コンフィギュレーション」を提示した（Mintzberg［1979］，［1989］）。こうしたコンフィギュレーション類型のうち，イノベーション志向の組織モデルとして提示されたものが「アドホクラシー」である。

　アドホクラシーは以下のような特徴を有する（Mintzberg［1979］，［1989］）。第 1 に，アドホクラシーでは行動の形式化がほとんど見られず，高度に柔軟で有機的な構造をとる。アドホクラシーも有機的組織の構造特性を備えるといってよかろう。第 2 に，職務は高度な専門的訓練に基づく専門家の特化された職務として編成される。第 3 に，専門的職務を担う専門家は職能的単位に編成されるが，職務遂行においては小規模のプロジェクトチームとして編成されるといったマトリックス構造を備える。

　第 4 に，いかなる形態であれ標準化による調整には依存できないため，相互調整がアドホクラシーの最も重要な調整メカニズムとなる。相互調整による調整メカニズムの機能を促進するためにチーム，タスクフォース，統合手段，統合担当者が活用される。業務遂行はこうしたチームやタスクフォースによって分権的に行われ，組織の機能的活動はこうしたチームやタスクフォースの活動とそこでの相互調整を支援する統合担当管理者に依存する。

　第5に，相互調整による調整のためにプロジェクトチームは小規模が維持されなくてはならず，その結果管理者の統制の幅は小さくなるが，その管理の内容は各種チーム間の統合や調整となる。

　第6に，革新的プロジェクトの統制は形式的な情報システムやコントロールシステムに依存することができないため，経営者や管理者はプロジェクトを個人的に慎重にモニターしなければならない。

　一方，アドホクラシーはイノベーションの創出や実現には有効であるものの，非効率性という代償を伴う。いかなる標準化にも依存できないため，標準化によって効率化することができないうえ，相互調整に依存することは著しく高いコミュニケーション費用を伴うのである。

　こうしたアドホクラシーのモデルから，イノベーション志向の組織においてその構造的な特徴や組織特性が相互にどのように関係し組織として機能するのかが明らかにされるとともに，イノベーションに適合的な組織デザインがいかなる問題を伴うのかを知ることができよう。

3／ 組織デザインと経営者の役割

（1）組織変革とモラール問題

　本章で見たようなイノベーション志向の組織デザインが戦略的に重要であっても，既存の組織を変革しそうした組織デザインを実現することは必ずしも容易ではない。

　組織変革の困難性は，変革に対する組織内の「抵抗」，「混乱」，「対立」とそれらに伴って従業員や管理者の労働意欲，協調的態度，モラールの低下が生じるといった問題に起因することが指摘されているが，これを組織変革に伴う「モラール問題」と理解することができる（山中［2017］）。

　尾高は，職場の仕事仲間や管理者，監督者に対する「信頼」がモラールの構成要素であることを指摘したが（尾高［1981］，390-391頁），組織変革に伴う

モラール問題への対処においては組織や経営者に対する「信頼」が重要となろう。組織変革においては「他者にたいして，進むべき方向性を示すとともに，信じてしたがうためのモチベーションを与えていく」経営者のリーダーシップが要求されるが（Roberts，邦訳［2005］，265頁），こうしたリーダーシップの成否は従業員や管理者の経営者や組織に対する信頼に依存すると考えられる。

　現代の専門化した企業経営において，経営者が経営者たり得るにその専門的知識や経営スキルが重要であることはいうまでもない。しかしながら，経営者がリーダーシップを発揮するには専門知識やスキルのみでは必ずしも十分ではない。ゴールドナーが指摘するように専門家支配は「専門能力の存在や行使だけでは正当化されない」のであり，「自発的合意を引き出すには専門技能以上の何ものかが必要」となる（Gouldner，邦訳［1963］，12-13頁）。組織変革に伴うモラール問題を克服し有効な変革を実現するためには，経営者のリーダーシップの正当性根拠あるいは支持基盤としての経営者および組織に対する信頼の獲得が必要となると考えられるのである。

　また，イノベーションの実現という点においても組織における信頼関係の醸成は重要となる。例えばベラーらは，米国の企業社会に関する分析のなかで，ハイテク企業の生産性について「創造性と革新性を養う相互の信頼関係」が「決定的に重要」であり「互いに信頼し合い，ともに働くことを心から楽しむ人間」が必要であると指摘している（Bellah *et al.* 邦訳［2000］，98頁）。

　こうした議論から，イノベーション志向の組織デザインへの変革を遂げるうえで組織変革に伴うモラール問題への対処が必要であり，そのためには経営者や組織に対する信頼の構築が必要となることが示唆されるのである。

(2) イノベーション志向の組織変革と経営に対する信頼

　イノベーション志向の組織デザインへの組織変革と経営者や組織に対する信頼との関係について，山中はウィッティントン（Whittington）とペティグリュー（Pettigrew）らによる「革新的組織化形態」研究に基づき（Whittington *et al.* ［1999］），「階層削減」「戦略的分権化」「プロジェクト型組織化」「ダウ

ンサイジング」「IT投資」「コミュニケーションと組織統合」「アウトソーシング」などの「組織化形態」の導入とイノベーションにつながる創造的パフォーマンスとの関係，さらにそうした関係に対する「信頼」の作用について検証している（山中［2017］）。

　組織化形態の導入についての主成分分析から，すべての組織化形態が総合的に導入されている「総合的変革」と，階層削減やダウンサイジング，アウトソーシングといった組織化形態は導入される一方，IT投資，コミュニケーションと組織統合といった組織化は推進されていないような変革パターンである「費用削減型フラット化」といった組織変革が見られた。

　分析の結果，「総合的変革」は創造的パフォーマンスを高める一方，「費用削減型フラット化」は創造的パフォーマンスを低下させることが示され，信頼という点では「総合的変革」は「経営に対する信頼」を高めるが「費用削減型フラット化」は信頼を低下させていた。そのうえで，組織変革の創造的パフォーマンスに対する作用は，こうした経営に対する信頼によって媒介されていることが明らかにされた。すなわち，フラット化やアウトソーシングとともに組織内統合と分権化，IT投資を推進する総合的な組織変革は経営に対する信頼を高めモラール問題を回避し，イノベーション実現に貢献し得るが，「費用削減型フラット化」のような偏った変革は経営への信頼を損ない，深刻なモラール問題をもたらし，組織変革の実現は困難に見舞われることが示されたのである。

　イノベーション志向の組織デザインへの変革にあたっては，柔軟で有機的な構造を実現するとともに，組織における信頼関係を維持，強化することが重要となる。経営者が組織の変革を通じて何を実現しようとしているのかに関して理念やビジョンを示す必要があるであろうし，変革によってもたらされる帰結についても説明する責任が求められよう。不確実な将来に対する期待や見通しは過去の経験や歴史に依存することを考えれば，経営者の言動や行為の一貫性，行動の歴史は当該人物が信頼に足るか否かを判ずる試金石となる。ひいてはこれが組織変革の成否を決する要因ともなろう。

▶参考文献

Aiken, M. & Hage, J. [1971] "The Organic Organization and Innovation." *Sociology* 5(1): 63-82.

Bellah, R., Madsen,R., Sullivan,W., Swidler, A. & S. Tipton [1992] *The Good Society*, Vintage.（中村圭志訳［2000］『善い社会―道徳的エコロジーの制度論』みすず書房）

Burgelman, R. A., Christensen, C. M. and Wheelwright, S. C. (ed.)[2009] *Strategic Management of Technology and Innovation*, 5th Edition. The McGraw-Hill Companies, Inc.（青島矢一・黒田光太郎・志賀敏宏・田辺孝二・出川通・和賀三和子監修，岡真由美・斉藤裕一・櫻井祐子・中川泉・山本章子訳［2007］『技術とイノベーションの戦略的マネジメント（上・下）』翔泳社。）

Burns, Tom and Stalker, G. M. [1961] *The Management of Innovation*, Oxford University Press.

Daft, R. L. & Lewin, A. Y. [1993] "Where are the Theories for the 'New' Organizational Forms? An Editorial Essay," *Organization Science*, 4(4), i-v.

Damanpour, F. [1991] "Organizational Innovation: A Meta-Analysis of Effects of Determinants and Moderators," *Academy of Management Journal* 34(3): 555-590.

Damanpour, F. and Aravind, D. [2012] "Organizational Structure and Innovation Revisited: From Organic to Ambidextrous Structure," *In Handbook of Organizational Creativity*, edited by Michael D. Mumford, 483-513, Elsevier Inc.

Gouldner, A.W. [1955] *Patterns of industrial bureaucracy*, Routledge & Kegan Paul. 岡本秀昭・塩原勉訳［1963］『産業における官僚制―組織過程と緊張の研究』ダイヤモンド社）

Hage, J. and Aiken, M. [1967] "Program Change and Organizational Properties: A Comparative Analysis." *The American Journal of Sociology* 72(5): 503-519.

Hull, F. & Hage, J. [1982] "Organizing for Innovation: Beyond Burns and Stalker's Organic Type." *Sociology* 16(4): 564-577.

岩井克人［1992］『ヴェニスの商人の資本論』ちくま学芸文庫。

Mintzberg, H. [1989] *Mintzberg on Management: Inside Our Strange World of Organizations*, The Free Press.（北野利信訳［1991］『人間感覚のマネジメント―行き過ぎた合理主義への抗議』ダイヤモンド社）

Mintzberg H. & McHugh, A. [1985] "Strategy Formation in Adhocracy," *Administrative Science Quarterly* 30(2): 160-197.

Mintzberg, H. [1979] *The Structuring of Organizations: A Synthesis of the Research*, Prentice-Hall International, Inc.

Mumford, M. D., Kimberly S. Hester & I. C. Robledo [2012] "Creativity in Organizations: Importance and Approaches," In *Handbook of Organizational Creativity*, edited by Michael D. Mumford, 3-16, Elsevier.

大河内暁男［1979］『経営構想力—企業者活動の史的研究』東京大学出版会。

尾高邦雄［1981］『産業社会学講義—日本的経営の革新』岩波書店。

Roberts, J. [2007] *The Modern Firm: Organizational Design for Performance and Growth*, Oxford University Press.（谷口和弘訳［2005］『現代企業の組織デザイン—戦略経営の経済学』NTT出版）

Schoemaker, P. J., S. Heaton, & D. Teece. [2018] "Innovation, Dynamic Capabilities, and Leadership." *California Management Review* 61(1): 15-42.

Schumpeter, J. A. [1926] *Theorie der wirtschaftlichen Entwicklung*, 2. Aufl.（塩野谷祐一・中山伊知郎・東畑精一訳［1977］『経済発展の理論—企業者利潤・資本・信用・利子および景気の回転に関する一研究（上）（下）』岩波文庫）

Tidd, J., John Bessant & K. Pavitt [2001] *Managing Innovation: Integrating Technological, Market and Organizational Change*. 2nd edition. Wiley & Sons Ltd.（後藤晃・鈴木潤監訳［2004］『イノベーションの経営学—技術・市場・組織の統合的マネジメント』NTT出版）

Whittington, R., Pettigrew, A. M., Peck, S., Fenton, E & M. Conyon [1999] "Change and Complementarities in the New Competitive Landscape: A European Panel Study, 1992-1996," *Organization Science*, 10(5): 583-600.

山中伸彦［2017］「現代企業の組織デザインと経営者の役割—組織変革と信頼，創造的能力の関係—」，『経営行動研究年報』26号，経営行動研究学会，63-68頁。

山中伸彦［2019］「企業の創造的パフォーマンスと組織デザイン：英国中小企業の事例分析」『立教ビジネスレビュー』第12号（2019）3-15.

第2章
日本企業による市場創造型
イノベーションへの解

1 我が国における新市場創造をめぐる背景

　現在国内では，大企業と新興企業（ベンチャー・スタートアップ企業）の連携による新規事業開発への取り組みが急増している。しかしながら，こうした事業が真に成功しているケースは，極めて少ないというのが実態である。このような背景を踏まえ，本章では，成功するグローバル企業のケースや国内企業の動向調査の結果等から，特に我が国の大企業による市場創造型イノベーション[1]への解について考察する。

　昨今の大企業と新興企業による連携としては，例えば自動車業界では，トヨタ自動車と先進的なAI技術（機械学習やディープラーニング：深層学習等の技術）を有するスタートアップ企業であるプリファード・ネットワークス社（Preferred Networks）が，新しいモビリティ事業分野において，AI技術の共同研究・開発で連携したこと等が記憶に新しい。また近年では，情報通信やソフトウェア・金融分野等の多くの産業で実施されている，大企業主催の募集支援型アクセラレータープログラムによる連携等もその代表的な例であろう。

　しかしながら，このような「新規事業への取り組みを開始した」という発表は多く目にするが，「新規事業に取り組んで成功した」というケースはあまり聞かれない。実際は大部分の企業が，新規事業で成功したことがなく，苦戦を強いられているというのが実態ではなかろうか。

　かつて我が国の自動車・家電業界等の大企業は，市場創造型イノベーション
により成功を収めてきた。しかしながら昨今では，画期的な新製品・サービス
による新規事業開発を推進して，市場創造型イノベーションに成功したケース
と言えるものは数えるほどである。既に30年前の産物であるソニーの「ウォー
クマン」をはじめ，ヤマト運輸の「宅急便」，東芝の「日本語ワープロ」，
NTTドコモの「iモード」，任天堂の「Wii」などは，この数少ない成功ケース
であろう。

2 / 市場創造型イノベーションに成功するグローバル企業

　一方で，市場創造型のイノベーションへと取り組み，成功を収めているケー
スは，特に欧米を中心に製品・サービスを提供し，市場を創造するグローバル
企業に多く見られる。これらの企業に共通するのは，多くの企業が「オープン
&クローズ戦略」という新しい戦略を巧みに活用しているという事実である。

　オープン&クローズ戦略とは「知的財産のうち，どの部分を秘匿ないしは特
許などによる独占的排他権を実施（クローズ化）し，どの部分を他社に公開ま
たはライセンスするか（オープン化）を自社の利益拡大のために検討・選択す
ることである」と定義されている（経済産業省・厚生労働省・文部科学省編
[2013]，107頁）。

　このクローズ領域とオープン領域とを連動させる（互いに関連させて結びつ
ける）ことにより，自社のコア領域を普及させて，新市場を創造・拡大すると
いう戦略コンセプトである。無消費に対抗して，主に経営資源の視点から，自
社の事業化に要するコア技術やノウハウおよびこれを駆使して開発・提供され
る製品・サービス等のコア領域を守る。そして他社とつながる非コア領域を
オープン化して，市場創造・拡大するのと同時に，自社の利益の独占を可能に
するのである（**図表2－1**）。

　一般的なオープン&クローズ戦略のパターンとしては，経済産業省が整理し
ている製品の仕様の標準化（自社技術埋め込み化），インターフェイス部分の

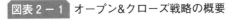

図表 2 − 1　オープン&クローズ戦略の概要

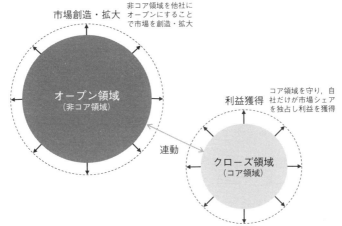

出所：筆者作成。

仕様の標準化（周辺技術オープン化），性能基準・評価方法の標準化（品質差の明確化）の 3 つのパターンが代表的なものである[2]。このコンセプトを導入することにより，独占的に新市場の創造・拡大を成功させている企業が存在する。

　このような企業では，市場に展開する前に，このコンセプトに沿った自社の新規事業（新製品・サービス）を用意周到に設計・開発する。主に組織内に蓄積されている見えざる資産を中心に，自社の製品・サービスに関するコア領域を秘匿ないし知的財産等でライセンス化して保護し（クローズ領域化），市場との接点を解放（オープン領域化）することで，広く流通させるという方法が採られる。

　当該の戦略をとる企業は，原則として内部だけではなく，外部の知識や知見を取り入れるオープン・イノベーション等により獲得した見えざる資産を有する。この見えざる資産の中心となるのは「知的資産」であり，この構成要素については図表 2 − 2 に示す通り，欧州を中心に人的資産・構造資産・関係資産の 3 つに区分する方法が広く定着している（古賀［2005］）（図表 2 − 2）。

図表2-2　知的資産の定義

人的資産 (Human Capital)	個々人の知識，コンピテンス，経験，スキル，才能など従業員の退職時に持ち出せる資産。
組織（構造）資産 (Structural Capital)	組織プロセス，データベース，ソフトウェア，マニュアル，商標，特許権，組織の学習能力など，従業員が退職しても組織に残る資産。
関係資産 (Relational Capital)	顧客との関係性（好感度やロイヤリティ，満足度，ブランド，レピュテーションなど），パートナーや企業の対外関係に付随するすべての資産。

出所：古賀［2005］，10頁の内容をもとに筆者作成。

　企業が持続的に成長していくためには，自社が持つ知的資産の源泉ないしは既に組織に蓄積されている知的資産を発見・抽出し，管理していく活動が重要となる。成功するグローバル企業は，これをうまく活用し，自社に有利になるような戦略を事前に設計している。まさに新たな市場の創造・拡大を進めるのと同時に，独占的な収益を確保してきたのである。

　この代表的な企業として挙げられるのはインテルである。同社は1969年に米カリフォルニア州に設立され，コンピュータ等に搭載される頭脳部分をマイクロチップで実装したMPU（Micro Processing Unit：マイクロ・プロセッシング・ユニット）で高いシェアを誇るグローバル企業である。「インテル入ってる（Intel Inside）」と聞けば，イメージできるのではないだろうか。

　しかしながら同社は，創業時からこのMPUの開発をしていたわけではない。実は設立から1980年代初め頃までは，インテルの主力事業は半導体メモリーであるDRAM（Dynamic Random Access Memory：ダイナミック・ランダム・アクセス・メモリー）を中心とするメモリー事業であった。

　ところが1970年代の後半から，日本企業が次々にこの市場へと参入し，インテルをはじめとする企業のシェアを奪っていく[3]。同社は大きな危機を迎えることとなり，奇しくも日本企業により引導を渡され，主力事業の転換を余儀なくされる結果となったのである。これを契機にMPU事業へと参入し，当時パソコン市場の巨人として君臨していた，IBMのパソコンに製品が採用されたこ

とにより，インテルの市場創造が始まった。

　小川［2015］は，同社のオープン&クローズ戦略のポイントは，2つの点にあると指摘する。1つ目は，MPUと周辺機器とをつなぐデータ伝送路に関する規格であるPCI（Peripheral Component Interconnect：ペリフェラル・コンポーネント・インターコネクト）バスによる独占形態の構築である。当時パソコン内のデータや制御信号を通すバスは，業界標準のバスが使われていた。インテルは，これよりも高速なPCIバスを開発し，その細部の仕様をオープン化することにより，パソコンメーカーに採用させようとした。

　この結果，従来の製品よりも性能の良い製品が提供されたことに加え，詳細な仕様を公開したことにより，大部分のメーカーが同社のバスを採用するに至ったのである。同社はMPUに必ず直結する自社製のバスとMPUとをセットで採用させることに成功した。これによりPCIを採用したすべてのメーカーは，インテル製のMPUを使わざるを得なくなり，自社製品からパソコン市場全体を支配する構図を完成させた。つまり同社は，独占的な需要を創り出す市場創造を実現したのである。

　そして2点目は，MPUに関しては徹底的にクローズ化を図り，これとつながるインタフェース情報（周辺技術情報）だけをオープン化したという点である。同社のMPUとパソコンの土台となる部分として，他の関連機器や部品とをつなぐ，インタフェース付きのマザーボード（電子回路基板）をセットで流通させて，インテルのMPUに合ったマザーボードの設計・製造情報をオープン化したのである[4]。これにより，マザーボードを製造する新興国メーカーの積極的な参入を促し，市場の拡大に成功した。

　インテルは最終的に，1985年頃までメモリー事業を継続するが，新たなビジョンをトップ自らが羅針盤として定めたうえで，MPU事業への転換を成し遂げた。そして，その後も自社のコア技術を磨き続けて，オープン&クローズ戦略を事前にかつ用意周到に設計することにより，戦略的に市場を創造・拡大させるメカニズムを完成させたのである。

　同社の製品は，最終製品であるパソコンに価値を付加する。これが新市場の

エンドユーザーに到達するためには，最終製造事業者が破壊的チャネルとなる（クレイトン・クリステンセン［2003］，145頁）。また上記に加え，この最終製造事業者をチャネルとして，自社のブランドや評判等の関係資産の構築・蓄積に注力した点も注目すべき点である。最終的にパソコンを購入するエンドユーザーに対して，大規模なブランディング・プログラムを展開したのである（Kotler & Pfoertsh, 邦訳［2014］，54頁）。自社の「インテル入ってる（Intel Inside）」のロゴを最終製造事業者のパソコンに貼付し，付加価値をエンドユーザーに直接アプローチしたことが，市場のさらなる拡大へとつながった。

　今回は紙面の都合上すべてを紹介できないが，市場創造型の新規事業開発を主導してきたのは，上記のインテルやシスコ，クアルコム，ボッシュ等の長期にわたり他社の追随を許さなかった欧米のグローバル企業である。なお，現在隆盛を極めるGAFA（Google, Apple, Facebook, Amazon）等に代表されるメガプラットフォーマーらも同様に，上記の一連のプロセスによって新市場の創造に成功している。

　GAFAは，インテルと同様に明確なビジョンや戦略を有しており，特にオープン&クローズ戦略としては，日々のビジネスを通して蓄積された膨大なデジタルデータ（製品・サービスの提供に伴い蓄積する製造情報・業務情報・顧客情報等のビッグデータ）を独占的に収集・保有している。データそのものおよびこれを結合して，付加価値を構築するノウハウをクローズ化している。

　つまり彼らは，これらのデータを活用することにより，新たなビジネスモデルや新製品・サービスを設計し，これまでに存在しなかった新しい事業と市場を創造しようとしているのである。また自社が構築したプラットフォームをオープン化して，さまざまな企業を参加させてつながる。多くのデータを横断的に蓄積・独占することにより，データそのものが持つ価値，つまり図表2-2に示した知的資産における組織（構造）資産の優位性を構築・維持するのと同時に，市場をさらに拡大しようとしている。

　このような企業では，自社の有する知的資産と市場ニーズの双方の観点から市場を創り出す，新製品・サービスの開発が行われる。すでに彼らの組織には，

継続的に市場創造型イノベーションを引き起こし，新規事業開発を推進していくための仕組みが構築されていることが考えられる。

3 / 大企業における新規事業開発プロセスの特徴

　日本の大企業における新規事業開発のプロセスは，一般的には**図表2－3**のように①事業戦略，②経営資源（知的資産）の把握・蓄積・活用，③研究開発プロセス，④事業化プロセス，⑤事業化効果といった要素に分けられる（図表2－3）。同図表中の「B/F」表記は，Back & Forwardの略であり，各プロセスを相互に「行ったり来たりする」ことを意味する。

　当該の新規事業開発に成功し効果が出ている企業[5]では，前述のインテルや

図表2－3 日本の大企業における新規事業開発プロセスモデル

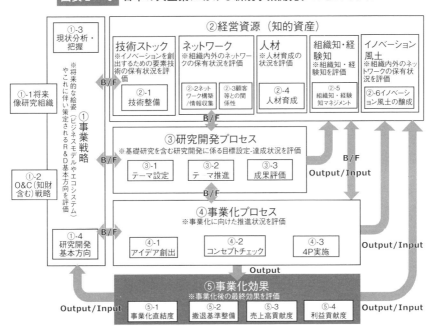

出所：小具・中村［2017］，6頁。

GAFAのケースと同様に事業戦略が明確に存在している。また既存事業の蓄積（「知の深化」）により獲得した，知的資産を中心とする経営資源を把握しており，オープン・イノベーション（「知の探索」）等の取り組みが，積極的に実施されている（小具・中村［2017］）。

　トップマネジメントは，事業環境に関する現状分析の結果を踏まえて，将来的な絵姿を描いている。そして事業戦略として，事前に研究開発における基本方向やオープン&クローズ戦略等を策定しており，既存事業で構築・蓄積された知的資産（特に顧客との関係性から構築される関係資産や技術ストック等の人的・組織資産）の保有状況を評価している企業の割合が多い。

　研究開発や事業化プロセスにおいては，顧客や供給事業者らとのオープン・イノベーションや新しい概念・理論・原理などが実現可能であることを示すための試行であるPoC（Proof Of Concept）等が積極的に実施されている。また研究開発の成果は，明確に事業化に結びついているといった特徴も見られる（小具・中村［2017］，18頁）。

　このような特徴は，国内で成功する大企業において，長らくオライリー（Charles A. O'Reilly Ⅲ）とタッシュマン（Michael L. Tushman）が提唱し続けてきた，既存事業の深化による知的資産の構築・蓄積，つまり「知の深化」とオープン・イノベーションの実践である「知の探索」による"両利きの経営"が実践されていることの証左である。

　しかしながら国内企業の動向を見ても，新規事業開発に成功しているという企業は一部に過ぎない。日本の多くの大企業は，新規事業の成功による市場創造型のイノベーションを起こせていないのが実態である。この一因として考えられるのは，大企業側が，既存事業からの知的資産を把握・活用する「知の深化」もままならないにもかかわらず，目先の「知の探索」が必要であるという大義に託（かこつ）け，ベンチャーやスタートアップ企業等が持つクローズ領域（技術等の知的資産）任せになっているという点である。

　自社で明確な事業戦略を持つことなく，この両輪が回せていない点は大きな問題であろう。また連携のスタンスとしても，事前に絵姿等の事業戦略に係る

方向を定めず，とりあえずオープン・イノベーションを実施してみるという，極めて場当たり的な"戦略なき連携"を続けているからではないだろうか。

　大企業はイノベーションの方向を予測するのと同時に，オープン&クローズ戦略の仕組みを十分に理解したうえで，自社の知的資産を把握することが重要である。この資源をどのように組み合わせて活用すべきかという点について，自社が明確に意思を持って，コントロールしていく必要がある。これを実践できている企業こそが，市場創造型イノベーションを伴う新規事業開発に成功できる企業ではなかろうか。

　現在我が国の大企業は，今後グローバルで莫大な市場規模となることが期待される産業用IoT（Industrial Internet of Things：IIoT）分野等への取り組みにも遅れをとっている。今こそ，過去の教訓を活かし，5G（第5世代移動通信システム）を活用した新規事業開発の成功を実現すべき時であろう。

4／大企業における市場創造型イノベーションへの解

　今後我が国の大企業が，市場創造型イノベーションを実際に推進していくためには，既述の通り，すべてを事前に設計することが肝要である。大企業とベンチャー・スタートアップ企業とが連携するオープン・イノベーションであれば，自社がどの機能・プロセスを担い，どこを範囲外とするかというようなバリューチェーンにおける役割分担を事前に決めることが重要となる。

　この際に行う分析としては，自社のバリューチェーンの各プロセスにおいて，パートナーと比較した強みとなる要素について，知的資産の分類で把握・抽出を行う。そして，自社が特に秘匿すべきコア領域を保護して利益を独占するクローズ領域，市場を創造・拡大するオープン領域（非コア領域）とを同時に実現するような，二面性を有したビジネスモデルの設計・構築が肝となる。

　このような一連のプロセスを回していくためには，オライリーとタッシュマンも指摘しているように，まずは既存事業で培われた知的資産を明確に把握することが最初のステップとなる。次にこれらを環境の変化に応じて自在に組み

替え，組織能力をダイナミックに再構成していくことが必要となる（O'Reilly & Tushman，邦訳［2019］，49頁）。このうえで，新市場の創造を実際に推進できるリーダーと最終意思決定者（責任者）が存在することが必須条件である。

　市場創造型イノベーションに成功するインテルのようなグローバル企業と，新規事業開発に成功している一部の国内大企業の特徴には共通点がある。市場創造型イノベーションを伴う新規事業開発を成功させるためには，両ケースで見られるように，特にトップマネジメントがイノベーションに関する明確な方向を提示し，知的資産とオープン・イノベーションを駆使した事業戦略（オープン&クローズの発想）を持つことが重要である。

　小規模企業であっても，当該の戦略を事前に設計することにより，市場創造・拡大を実現するチャンスがある。インテルは当時，企業規模が小さかったために，市場を拡大する段階で苦労することとなった。この点においては，大企業のほうが，すでに市場を拡大する力を有しているため，自社の知的資産の把握とクローズ領域・オープン領域の設計に専念できるという優位性がある。

　特に大企業において，この一連のプロセスを戦略的に牽引できる人材は極めて希少である。リーダーとして，市場創造・拡大を自律的に推進できる人材の育成が喫緊の課題であるといえよう。

　まずは当該課題に早急に対応していくことこそが，市場創造型イノベーションを起こすための第一歩となるのである。

▶注

1 クレイトン・クリステンセン（Clayton M. Christensen）が提唱した破壊的イノベーションにおいて，これまでに経験したことのない「無消費」の機会に対して未開拓のニーズを見つけて価値を提供し，市場そのものを新たに開発する新市場型の破壊として位置づけられるイノベーション形態である。

2 「自社技術埋め込み化」は，製品に自社のコア技術を埋め込み，標準化やコンソーシアム等で規格化して世界標準を獲得し，市場創造・拡大する方法。「周辺技術オープン化」は，コア技術を知的財産や秘匿で保護しつつ，コア技術と抱き合わせた周辺技術をオープン化して，自社のコア技術と周辺技術を同時に普及させる方法。

「品質差明確化」は，評価基準や標準尺度の策定に関与し，自社しか基準がクリアできないように品質差を明示。コア技術で自社のブランディングを行い，市場を創造・獲得する方法である。

3 Grove, A. S., 邦訳［2017］。

4 ただしインテルが提供する技術（MPUとその関連機能が組み込まれた半導体チップ）には知的財産が張りめぐらされており，改版を認めない契約となっていた（小川［2015］，215頁）。

5 小具・中村［2017］は，事業化成果の指標として「研究開発の成果が事業化に結び付いている」もしくは「新規事業が売上高に貢献している」という2つの指標を定義している。

▶ **参考文献**

Christensen, C.M. & Raynor, M.E. [2003] *The Innovator's Solution: Creating and Sustaining Successful Growth*, Harvard Business Review Press.（玉田俊平太監修，桜井祐子訳［2003］『イノベーションへの解─利益のある成長に向けて』翔泳社）

Grove, A.S. [1996] *Only the Paranoid Survive: How to Exploit the Crisis Points that Challenge Every Company and Career,* NewYork: Doubleday.（佐々木かをり訳［2017］『パラノイアだけが生き残る─時代の転換点をきみはどう見極め，乗り切るのか』日経BP社）

Kotler, P. & Pfoertsh, W. [2010] *Ingredient Branding: Making the Invisible Visible*, Springer Berlin.（杉光一成訳［2014］『コトラーのイノベーション・ブランド戦略─ものづくり企業のための要素技術の「見える化」』白桃書房）

O'Reilly, C.A. & Tushman, M.L. [2016] *Lead and Disrupt: How to Solve the Innovator's Dilemma*, Stanford University Press.（入山章栄監訳・渡部典子訳［2019］『両利きの経営』東洋経済新報社）

小川紘一［2015］『オープン&クローズ戦略─日本企業再興の条件 増補改訂版』翔泳社。

小具龍史・中村裕一郎［2017］「国内大企業の新規事業開発実態の評価とその特徴に関する考察─イノベーションマネジメント実態調査の結果から─」目白大学経営学研究所ワーキングペーパー Vol.5，1-26頁。

経済産業省・厚生労働省・文部科学省編［2013］『2013年版ものづくり白書』経済産業調査会。

古賀智敏［2005］『知的資産の会計─マネジメントと測定・開示のインターラクション』東洋経済新報社。

第 **3** 章

イノベーションとアジャイル型思考

1 イノベーションを起こすための俊敏なプロセス

　ソフトウェア開発の世界では，これまでの計画とその遂行，管理を中心としたウォーターフォールと呼ばれる開発手法に代わるものとして，アジャイルと呼ばれる開発手法が注目を集めてきた。

　アジャイル（agile）という単語は，「すばやい」や「俊敏な」を意味する。

　これまでソフトウェア開発の世界では，市場の変化や成長が比較的安定していた時代のもと，定型化，標準化したプロセスが求められてきた。

　しかし，このアジャイルは，日々新しいソフトウェアをリリースし，他社が追随できないサービスを提供し続けることにより，激しい変化を伴う競争環境に対応しようとするものである。特に，解決すべき問題が複雑であったり，解決方法が不明であったりするなか，イノベーションを起こすために，もっと良いプロダクトを作るにはどうすればよいのかということを追求するものでもある。

　このアジャイルを中心とした思考プロセスは，欧米において，ソフトウェア分野に限らず組織運営や製品開発など多くの分野でも活用され始めている。

　本章では，このアジャイルについて，ソフトウェア開発を中心にどのような特徴があるのかを確認するとともに，それがどのようにイノベーションに寄与することが可能なのかを述べる。

2 アジャイル

　アジャイルが，その発祥元であるソフトウェア開発でどのように行われているのかを説明する。

　アジャイルとは，正確には特定の手法を指しているのではない。スクラムやエクストリーム・プログラミングと呼ばれるいくつかの軽量なソフトウェア開発プロセスの総称であり，ウォーターフォール・モデルと呼ばれるいくつもの手順に厳格に従って進んでいく重量級な開発手法と比較される。

　アジャイルの開発方法は，ソフトウェアの仕様について厳密な決定をせず，開発プロセスを進める中で仕様を擦り合わせ，ある程度決まった部分だけを先に開発していくスタイルである。

　このため，アジャイルは厳密な仕様を必要とする銀行などの金融機関の大規模な基幹システムといったソフトウェア開発には適していないが，スマートフォンのアプリケーションやECサイトの構築といった中小規模のソフトウェアなどに適しているとされる。

　アジャイルのプロセスを**図表3－1**に示す。

　図表の上部の左から右へ流れる矢印は，アジャイルの全体の作業フローを表している。アジャイルは，この作業フローの中で，何度も「反復」（イテレーション）を繰り返す。図表の下部の円を描く矢印が，この「反復」の内容を表している。

　「反復」の中では，顧客からの要求事項に基づくソフトウェアの作成，作成したソフトウェアの検査や評価，そうした評価に基づいた新たな要求事項の提示，要求事項のデザインや解析といった作業をPDCAサイクル（PLAN，DO，CHECK，ACTION）のように回している。

　ウォーターフォール・モデルに対し，アジャイルではすべての機能を一度に取り込むのではなく，いくつかの機能を選択して開発を行う。さらに，その開発作業も1週間から1カ月程度の非常に短い期間で反復して行い，それぞれの

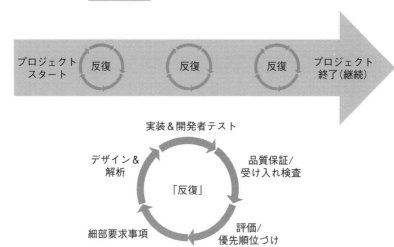

図表3－1　アジャイル開発手法（スクラム）

出所："Scrum Reference Card" をもとに筆者作成。

反復期間の終了ごとにソフトウェアを本番稼働させることを目指している。

　アジャイルは変化を前提とし，開発前の仕様の固定や確定を前提としていない。つまり，完全に出来上がってからソフトウェアを動かすのではなく，ある程度動くソフトウェアを成長させながら作成する，反復・漸進型な部分が大きな特徴である。

　さらにこの反復作業では，要求事項の中で優先度の高いものからできるだけ早く作成する。少しでも出来上がったソフトウェアをユーザーに確認してもらうことで，早期にフィードバックを得て，再び反復作業に戻るのである。

　アジャイルは，特にフィードバックといったユーザーの参画の度合いが強く，そのため，人と人とのコミュニケーションやコラボレーション，共創を重視している。アジャイルは，複雑な問題を解決する際の創造性と順応性を持ったチームワークを重視しているのである。

3 ウォーターフォール・モデル

　次に，アジャイルと対比されるウォーターフォール・モデルについて，説明する。

　日本のソフトウェア開発では，アジャイルはまだあまり採用されていない。どちらかといえば，ウォーターフォール・モデルを採用することが多い。

　ウォーターフォール・モデルは厳格に手順を守ることを重視しており，正しいプロセスさえ踏めば正しい結果が得られることを想定している。つまり，顧客からの要求が，プロジェクトが始まる時点ですでに決まっており，そのプロジェクトが完了するまで要求が変わらないことを前提としているのである。

　この開発手法の大きな特徴は，原則として作業の順番が決まっており，見積もりや分析といった作業から順番に工程が進んでいき，必ず前の工程が完了してから次の工程へ進まなければならない。決してこの工程の遡りが発生しないように，水が滝を流れ落ちるような手順となっているため，ウォーターフォール・モデルと呼ばれているのである。

　このソフトウェア開発におけるウォーターフォール・モデルを**図表3－2**に示す。

　このウォーターフォール・モデルは，前の工程に戻らないことを前提としているため，ソフトウェア開発プロジェクトの全体を把握することができ，スケジュールの立案や資源配分，進捗状況の理解が容易となる。

　また，開発工程を複数に分割し，作業を定型化，開発プロセスを標準化した単純労働とすることで高い品質を保持してきた。さらに定型化，標準化されていることで，その作業を外部企業等にアウトソーシングするような分業も可能となる。それゆえ高い信頼性が要求されるようなシステム開発に有効とされてきたのである。

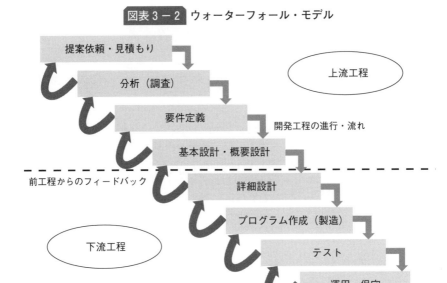

図表 3 － 2　ウォーターフォール・モデル

出所：Royce［1970］，小椋［2013］等をもとに筆者作成。

4 アジャイル型思考

　ウォーターフォール・モデルでは，作業を定型化・標準化することで，ソフトウェアの開発作業を容易にアウトソーシングすることが可能となったが，こうした作業の分離は，企業のイノベーションの能力と競争優位を失うことにつながりかねない。

　顧客ニーズの変化に柔軟にかつ迅速に対応し，イノベーティブなソフトウェアを作成するという行為は，組み立てラインのように作業分割してできるような簡単なことではない。設計やデザインは1回で完成するものでなく，作業工程を進めていく中で何度も練り直すことが重要となる。

　ソフトウェアの開発にとって，今までにない問題や新しい領域に取り組んでいくような革新的なソフトウェアを作る部分は，他の企業に対して差別化でき

る部分でもあり，競争優位を生み出す価値のある部分となりうる。

　特にソフトウェア開発作業においては，作業者の専門知識やノウハウ，経験，創造的な問題解決といった知識労働としての側面が重要な役割を果たすことになる。質の高い，革新的なソフトウェア開発には，開発に従事するエンジニアの知的あるいは創造的な能力の活用を阻害しないような反復，漸進的な開発プロセスの編成を実現する必要がある。

　ウォーターフォール・モデルのような，作業を定型化，開発プロセスを標準化した方法は，たしかに市場の変化や成長が比較的安定していた時代には合致していた。しかし，この方法では変化の速い市場に対応できず，さらに革新的なイノベーションは期待することができない。

　かつての日本のソフトウェア開発は，開発プロセスを製造業の方法から模倣しようとし，類似製品の大量生産のような手法を目指したがために，現在の21世紀の魅力的な機能を持つ革新的なソフトウェアの開発を目的とした新たな流れに耐えられなくなってしまったのである。

　ウォーターフォール・モデルは，試行錯誤を経て魅力的な機能を持つようなイノベーティブなソフトウェアを開発する方法としては最良ではない。現実には，時間をかけても完璧な計画を立てることは不可能であり，そのような方法ではユーザーが満足するシステムを作成することはできないのである。

5／アジャイルとイノベーション

　現在のようなVUCA（Volatility（変動性・不安定さ），Uncertainty（不確実性・不確定さ），Complexity（複雑性），Ambiguity（曖昧性・不明確さ））と呼ばれるような時代は，急速にグローバル化が進み，市場も急激な変化を遂げており，不確実性や不透明性が増した状況となっている。

　アジャイルは，指揮命令系の管理手法とは根本的に異なる手法であるが，ソフトウェア開発の成功確率を劇的に高め，開発スピードと品質を改善する革命を起こしただけでなく，ラジオ番組の企画や，新しい機械の開発，戦闘機の生

産，ワインの生産など幅広い業界や部門で広く取り入れられているという。

　また，BMWや米国トヨタ自動車（TMS）といった自動車メーカーでも取り入れられている。

　さらに，マーケティングや人事といった，「開発」以外の分野にもアジャイルは取り入れられ始めており，組織構造そのものをアジャイルに適応させようとする企業も現れ始めている。

　こうしたアジャイルのアプローチに共通することは，ビジネスにおける顧客のニーズを理解することは難しく，その技術の移り変わりも早いため，そのような複雑な製品やサービスを前もって完全に設計することは無理があるという点である。

　特にアジャイルは，単に素早く物事に取り組むだけではなく，作り上げたものに対するフィードバックと顧客との対話や交流を重視する。顧客からのフィードバックや市場の変化に応えるような開発中の設計の変更は，成功に結びつくようなものであれば，必ずしも悪いものではない。計画に従うよりも変化への対応を価値とするのである。

　ソフトウェア産業以外の分野でアジャイルのような方法が取り入れられている理由は，イノベーションのためである。決まりきった業務や作業工程にはあまり役立たないものの，企業は非常に動きの激しい環境に置かれており，単に新しい製品やサービスを開発するだけでなく，各部署の基本的業務にもイノベーションを起こす必要があるためである。

　アジャイルは，特にネットビジネスを中心とする小さなスタートアップ企業やベンチャー企業で採用されることが多い。

　こうした企業は，創業して日が浅く，人数も少ないことが多いため，既存の企業で導入されているような階層型の組織に合わせた管理手法の導入が難しいことも多く，また，固定化されてもいない。そのため，アジャイルに合わせて組織構造を一から作り直す必要がないため，アジャイルを導入する障壁が低いと考えられる。

　アジャイルが向いている条件を次の**図表3－3**に示す。

図表3－3 アジャイルの適用条件

項目	アジャイルが向いている	アジャイルが向いていない
市場環境	・顧客の要望と解決方法が頻繁に変わる。	・市場環境は安定的で予測しやすい。
顧客の関与	・緊密な共同作業と素早いフィードバックが可能。 ・開発過程が進むにつれ，顧客は自ら望むものがはっきりしてくる。	・要求仕様は当初から明確で，後になっても変化しない。 ・常に顧客との共同作業が可能なわけではない。
開発のタイプ	・問題は複雑でソリューションは未知，または開発終了までの道筋もはっきりと定まっていない。 ・製品仕様は変更の可能性がある。創造的なブレイクスルーと市場投入までの時間が重視される。 ・部署横断的な共同作業が極めて重要。	・似たような仕事を以前にしたことがあり，ソリューションは明白だと開発者は確信できる。 ・詳細な仕様と作業計画が自信を持って事前に予測でき，またその通りに進めなければならない。 ・各部門が部門内に閉じこもった作業を終えては次に回すことで問題が解決できる。
作業のモジュール性	・インクリメンタル型開発が価値を持ち，顧客もそれを利用できる。 ・作業は部分ごとに分解でき，短期の作業を反復することで遂行できる。開発過程終盤になっての変更も処理可能。	・顧客は製品が完成するまで，一部のパーツを使ったテストができない。 ・開発過程終盤の変更は大きな費用が掛かる，もしくは不可能。
一時的なミスのもたらす影響	・そこから貴重な学びが得られる。	・それが致命的な打撃となりかねない。

出所：Rigby, Sutherland & Takeuchi［2016］。

　アジャイルを導入することでビジネスや市場に合わせて臨機応変に仕様を変更していくことが可能となる。また，最低限の仕様のみを決め，最速でビジネスを展開，ニーズに対応していくことも可能となり，こうした企業と相性がよいと考えられる。日常的にアジャイルが使われる環境を社内に構築することで，製品開発と基本的業務の両方においてイノベーションが生まれる速度が加速するのである。

　ただし，アジャイルは万能薬ではない。例えば，アジャイルの中で最も普及しているといわれるスクラムという手法は，7人前後の少人数のコミュニケー

ションを重視したチームを想定しており，ウォーターフォール・モデルのような数十人から数百人，さらには数千人規模といった大人数は想定していない。

　図表 3 - 3 にある通り，アジャイルは，解決すべき問題が複雑であったり，解決方法が不明であったり，要求される仕様が変更される可能性があるような環境を前提としている。そのうえで，作業がモジュール化でき，顧客との緊密なやりとりができ，よりクリエイティブなチームが重要視されるような状況が向いているのである。

　アジャイルの本質は，チームが最終的な結果を改善するために素早いサイクルで学習し，変化に迅速に適応できるようにするというものである。チームや企業の境界を超え，顧客と会話をし，共創の場の中で，イノベーションを作り出していく。そうなることでアジャイルはもはや単なる開発手法ではなく，ビジネスを作る人々のイノベーション活動の総体といえるのである。

▶参考文献
小椋俊秀 [2013]「ウォーターフォールモデルの起源に関する考察―ウォーターフォールに関する誤解を解く」『商學討究』小樽商科大学，Vol.64, No.1, 105-135頁。
Cusumano, M. A. [2004] *The Business of Software: What Every Manager, Programmer and Entrepreneur Must Know to Thrive and Survive in Good Times and Bad*, Simon and Schuster.（サイコム・インターナショナル訳 [2004]『ソフトウエア企業の競争戦略』ダイヤモンド社）
Rigby, D. K., Sutherland, J. & Takeuchi, H. [2016] "Embracing Agile," *Harvard Business Review*, MAY 2016 ISSUE, Harvard Business School Publishing.（倉田幸信訳 [2016]「アジャイル開発を経営に活かす 6 つの原則―臨機応変のマネジメントで生産性を劇的に高める」『ハーバード・ビジネス・レビュー』 9 月号，ダイヤモンド社）
Royce, W. W. [1970] "Managing the Development of Large Software Systems," *Proceedings of IEEE WESCON*, 26, 328-388.
デジタルビジネスに活かすアジャイル開発
　https://www.asf.esm.co.jp/post/dont-separate-biz-and-dev（2019年 6 月23日現在）
"Scrum Reference Card"
　http://scrumreferencecard.com/scrum-reference-card/（2019年 6 月23日現在）

第 2 部

市場の失敗とイノベーション

―――第 **4** 章―――

企業の社会性とイノベーション
―社会的課題を解決するビジネス創造

1 企業と社会

　特に成熟した社会における企業は，社会性の伴う経済性が期待されている。
それらはCSR（Corporate Social Responsibility：企業の社会的責任）や，投資
基準のESG（Environmental・Social・Governance）の提起，国連が謳うSDGs
（Sustainable Development Goals：持続可能な開発目標）に則った企業への協
力要請に現れている。

　新古典派経済学における企業の経済的な目的は，ビジネスを通じて利潤を最
大化することであるが，「利潤追求」や「儲ける」などの文言は，清貧を美徳
とする我が国ではマイナスの誤解を生じやすい。しかし企業が利潤を得るため
に行うビジネス活動は，消費者等のステークホルダー（利害関係者）と良好な
関係を築くことにより初めて可能となる。企業は商品やサービスを市場に提供
し，それらを購買した消費者より対価を得る。その対価は企業の収入となり，
ステークホルダーへの支払いに分配されるとともに，将来のための技術開発や
人材教育などに投資される。こうした一連の活動により，企業は永続性が担保
される。

　つまり企業は，利潤を得ることでビジネスの継続を可能とし，雇用を生み納
税という形で社会に貢献する。よって利潤を得る，儲けるということは，決し
て眉を顰めるようなことではない。企業の利潤は，彼らの製品やサービスを欲

する消費者や，多種多様な協力者が存在することの証左である。長期的に利潤をあげている企業は，ステークホルダーとの協働が功を奏した企業であり，皆から愛されている企業，愛される商品やサービスを提供する企業ということになる。そうでなければ企業は社会や市場から撤退を余儀なくされる。

　こうした企業と社会の関係を踏まえ，本章では社会の企業に対する期待を経済的市場というマクロ視点で改めて整理する。そのうえで社会の期待に応答する企業が生じるイノベーションについて検討し，企業の本質を問うてみる。

2／社会性を意識する概念

(1) 企業の社会的存在そのものを示すCSR[1]

　我が国では武士の時代より，商売人が社会を大事にするマインドがあった。代表的なものに「三方よし」がある。これは近江の商売人の「売り手良し」（企業），「買い手良し」（消費者），「世間良し」（社会）と，商売により三方に利があることに留意する商いの哲学を示した家訓である。社会を示す「世間」が加わることで，自らの商いが他者に負の外部性を生じることを防遏している。負の外部性とは，市場交換により交換主体以外の他者に不当な負担がかかることであり，これを市場の失敗という。

　消費者のみでなく，社会への配慮を重んじる商家の経営哲学が語り継がれる我が国では，企業と社会の応答は都度なされてきた。例えば，高度経済成長時代には，事業活動により生じた環境被害が公害として大きな社会問題となり，環境対策の必要性が議論された。企業には，環境面の社会的責任が問われ始めたのである。その後バブル経済が崩壊すると，好景気時には表面化しなかった多種多様のひずみが不祥事として露呈した。そこで2000年前後に改めて，社会は企業に，社会に対して責任ある経営をすべきといういわゆるCSRを問うことになった。企業の経済性の追求には社会性を含有することが社会の価値観となったのである。

　企業の社会への応答領域は多岐にわたり，CSRの定義は多々あるが，ここではISO 26000［2010］「社会的責任（social responsibility）」を用い紐解いてみよう。CSRとは「組織の決定及び活動が社会及び環境に及ぼす影響に対し，透明かつ倫理的な行動を通じて組織が担う責任」であり，サスティナビリティへの貢献，ステークホルダーの期待に配慮，国内外の法令の順守，コーポレートガバナンスの実践が挙げられている。

　CSR元年と称呼された2003年当時の我が国のCSRは，不祥事の対応，コンプライアンス，そして社会貢献の意味合いが強かった。よって今でもCSRは社会貢献と誤解している人が多い。しかしながら2019年現在は，企業の事業や存在そのものをCSRとして認識する傾向にある。例えば，トヨタ自動車㈱のCSRは「あらゆる事業活動を通じて社会・地球の調和のとれた持続可能な発展」，ソフトバンクグループ㈱は「事業を通じて社会的課題の解決に取り組む」，三菱商事㈱は「事業を通じて三つの価値（経済・社会・環境）を同時に実現」と掲げている[2]。どの企業も，「事業」が社会に寄与することを意味している。

　つまり，現在のCSRは，自らの存在の正当性の開示と，企業が地域や世間，グローバルといった狭義から広義までの社会に配慮し，事業内容が社会のためになることと解釈されている。

（2）企業の社会性を期待するESG，SDGs

　我が国では2003年がCSR元年といわれたが，CSRに類似した用語の成り立ちや時期を振り返り，社会の企業に対する期待を確認してみよう。

　まずESG投資[3]とは，2006年に国際連合事務総長（当時）であったコフィ・アナン氏が金融業界に対して提唱したイニシアティブである。責任投資原則は6つあり，35の行動が記述されている。ESGは社会的責任投資と呼ばれたSRI（Socially Responsible Investment）をもととする。SRIとは，米国から広がった投資先企業の選定の考え方であり，1920年代にキリスト教的倫理の観点より，武器や煙草，アルコールなど社会的に悪影響を与えるとみなされるものを避けるネガティブ・スクリーニングとして始まった。2000年代には，社会問題への

対応に優れた企業を選ぶポジティブ・スクリーニングへと投資姿勢がシフトチェンジした。これがSRIである。2006年に国連責任投資原則が提唱され，環境（E）・社会（S）・ガバナンス（G）の視点で企業を評価し投資に反映させることとなった。これがESGと称呼され，現在に至っている。

次にSDGsであるが，2001年に策定されたミレニアム開発目標（MDGs）の後継として，2015年の国連サミットで採択された2016年から2030年までの国際目標である。これは，17のゴールと169のターゲットから構成されている。日本では外務省が音頭をとり，我が国の課題に関係が深い目標として，「成長・雇用」，「クリーンエネルギー」，「イノベーション」，「循環型社会（3R：Reduce Reuse Recycle 等）」，「温暖化対策」，「生物多様性の保全」，「女性の活躍」等を挙げている。

3 社会と企業の関係

(1) マクロ的視点からの考察

CSRやESG，SDGsなど企業に社会性への配慮が必要であることを意識する概念を確認してきたが，本節ではそれらの概念の立ち位置をマクロ視点で確認し，本質を検討してみよう。

市場交換が各市場で滞りなく行われていれば問題はないが，現実には，情報の非対称性や非倫理的な行いにより，市場の失敗や不条理が生じている。誰かが非合理的に得をし，誰かが損をしている。市場の失敗を予防し補完するために法律等の社会制度が形成されるが，社会制度のみでは市場の失敗を解決できない。そこで金融市場からはESGという投資基準が生まれ，国連からはSDGsの提唱がなされ各国の政府がその趣旨に追随している。

図表4−1はマクロ経済学で使用される市場の概念図にCSRやESG，SDGsの主体を挿入した図である。ESGやSDGsは，ステークホルダーが企業に対し期待する概念であり，企業にとっては受け身となる。誤解を恐れずに言えば，

図表4－1 経済循環図におけるCSR，ESG，SDGsの主体位置

出所：筆者作成。

強制的な側面もあるといえよう。もちろん，企業がESGやSDGsの項目に対応するか否かの決定権は企業側にあることより，強制という言葉は言い過ぎの感はある。ただ，企業が間接金融により資金を得ようとするのであれば，ESG項目への配慮が必要であるし，政府との良好な関係を保つにはSDGsへの積極的な協力姿勢も求められよう。

　他方でCSRは，そうした社会からの期待や要望，世の中の価値観による企業の役割を斟酌し，企業が自主・自律的に応答する行動となる。CSRがESGやSDGsと異なる点は，この自律か他律かの自発的意思の有無にある。

(2) CSRの本質的意味

　企業が社会からの要請に応える自主・自律的な社会性の本質とは，何であろうか。前項の図表4-1に当てはめて考えてみよう。

　企業は，商品やサービスを財・サービス市場に提供し対価を得る。これが収入である。同時に企業は，商品やサービスの創造に必要な生産要素（ヒト・モノ・カネ）を生産要素市場から調達し対価として支払う。これが費用である。収入から，必要な費用を差し引いた残余が利潤となる。利潤は金融市場を通して企業の所有者である株主の収入となる。

　　利潤　＝　収入－費用

　企業の経済的な目的は利潤の最大化である。収入から費用を差し引いた残余利潤を最大化するための策の1つに費用の削減があるが，その策はあまりに短絡的である。費用の削減は，優秀な従業員が離れ，財・サービスの質を下げ，将来の利潤を損なうリスクを負うからである。よって企業は，収入から費用を差し引いた差を正当に大きくする戦略を立てることになる。ここに本書のテーマであるイノベーションの意義がある。

　企業が収入を増加させるためには，他社を凌駕する新たな価値の創造が必要である。価値の創造は，消費者の満たされていない需要を充足する，あるいは新たな需要を発掘し，それに対応できる商品やサービスを提供することである。加えて，新たな価値を含んだ商品やサービスを必要としてくれる顧客の創造でもある。新古典派経済学が企業の目的とする利潤の最大化は，換言すれば価値の創造，顧客の創造である。

　ESGやSDGsは，企業の費用の使い方や収入の得方に，社会性を期待した概念である。企業の継続性を担保する持続的な成長には，社会に配慮をして得た収入と費用との差益の増加が必須である。それを具現化できる価値の創造，この一連がCSRである。

4／社会性とイノベーション

(1) 価値の創造

　企業の価値の創造は，社会に配慮し収入と費用の差益を拡大化することである。社会とは，ステークホルダーの集合体であることにより，企業の社会性とは，ステークホルダーに配慮することを意味するが，それには2つの側面がある。1点目はステークホルダーに不適切な対応をしないというマイナスの排除である。他方は，ステークホルダーに寄与するというプラスの創造である。前者は企業が社会に存続し市場交換の場に参画するための必須の条件であり，後者は企業の価値創造である。

　ステークホルダーに寄与する価値創造の1つに，社会的課題の発見と解決がある。企業が社会的課題の発見と解決をビジネス化し取り組むことは，「新たな商品」，「新たな生産方法」，「新たな原料や供給源」，「新しい販路」を生み出し，それらを実行できる「新たな組織」を形成するイノベーションを起こすことである。

(2) 企業の環境対策

　社会的課題を解決するビジネスのイノベーションの事例を検討する前に，まずは社会的課題の1つである環境対策について確認する。

　環境対策は，ISO 26000「社会的責任（social responsibility）」においても7つの中核課題の1つとして挙げられ，ESGでも主要な1項目である。SDGsでは17のゴール内に「エネルギーをみんなに，そしてクリーンに」，「つくる責任，つかう責任」，「気候変動に具体的な対策を」，「海の豊かさを守ろう」，「陸の豊かさも守ろう」と，環境対策に関する項目が複数含まれている。それだけ環境の保持，対策，配慮は全世界共通に解決すべき課題であるといえよう。

　企業はそうした社会の動向を反映させ，環境に配慮した取り組みに着手しつつあるが，その取り組み方には2種類ある。環境対策を必要経費としマイナスを排除するか，逆手にとってビジネス化しプラスを創造することで収入源にするかである。前者は法令遵守であるが，後者は環境ビジネスと呼ばれ，前章で述べた企業による価値の創造であり，イノベーションである。

　環境ビジネスにも種類があり，環境省は**図表4－2**のように分類している。

図表4－2 環境ビジネスの分類

分類	業種
環境汚染防止	水ビジネス，土壌ビジネス，化学物質不使用製品
地球温暖化対策	再生可能エネルギー，省エネルギー
廃棄物処理・資源有効利用	金属・廃プラリサイクル，資源有効活用，バイオ樹脂・燃料
自然環境保全	環境保全型農業，緑化・グリーンインフラ，エコツーリズム

出所：環境省「環境ビジネスFRONT RUNNER」[4]。

ここでは「廃棄物処理・資源有効利用」に着目し，いわゆるリサイクル・リユースを担う再資源化ビジネス市場のイノベーションについて述べることとする。

(3) 再資源化ビジネス市場のイノベーション

　再資源化ビジネスは，消費後の製品を再生し有価物化するビジネスであり，再生産するという形で価値創造を行っている。具体的には，そのままでは廃棄される既存の製品を使用後に回収し，原料や材料もしくは中古品として再生した後，市場で交換する。これは，企業にとっては新たな市場や事業の創造であり，社会にとっては有限の地球資源の有効活用である。つまり社会全体のサステナビリティの実現に寄与するビジネスである。

　環境経済学では，製造・消費領域を動脈，使用後の廃棄や再資源化領域を静脈と呼んでおり，再資源化ビジネスは静脈に属する。経営学の主たる対象は動脈領域のものづくりであり，静脈領域である消費後については顧慮の外であった。消費後の製品は廃棄物となり，公共の課題として扱われてきたのである。しかし高度経済成長時代に顕著であったように，作って売るといった資本主義の成長による大量生産，大量消費のその後は，大量廃棄という環境問題を生じた。使用後の廃棄物は社会問題となり，我が国でも循環型社会形成推進基本法（2001年完全施行）が制定され，関連の法制度が整い始めた。同法により，製品の生産者は製造物の再利用や処理についても責任を負うという拡大生産者責任の原則が規定された。その一環として家電リサイクル法，グリーン購入法，建設リサイクル法，自動車リサイクル法，食品リサイクル法，容器包装リサイクル法，小型家電リサイクル法などの資源有効利用促進法も適用された。再資源化が法制度により社会的に正当化され，ビジネス市場が拡大したのである。

　法制度化により，製品の生産者は再資源化を想定した商品設計や素材の使用など，以前と比較し環境対策に尽力しているが，陰になり活躍しているのが静脈領域の企業である。動脈と静脈の循環行程を示したのが**図表4－3**である。

　前述したが製品が製造・消費されるのは動脈領域である。他方の静脈領域で

図表4-3　動脈・静脈フロー

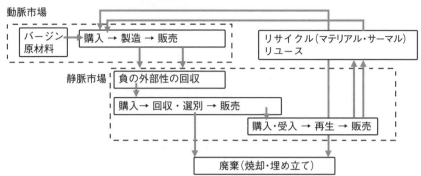

出所：粟屋［2018］に加筆作成[5]。

　は，使用後の商品を回収し，種類・素材ごとに分別し，この時点で中古品とし
て販売できるものは中古品市場で販売される。それ以外は破砕・溶融などの工
程により，マテリアルとしてリサイクルされる，もしくは燃料としてサーマル
リサイクルされるというフローになる。それらができないもの，回収ルートに
乗らないもの，分別されないものは廃棄される。廃棄とは焼却もしくは埋め立
てである。焼却や埋め立ては中長期的に環境を破壊するため，市場の失敗であ
る。

　静脈領域は製造物の存在と共にある。自動車産業を事例に取り上げてみよう。
我が国に自動車が輸入された頃より，静脈市場は自然発生的に生じ，競争原理
が働いた。その後，先述した製造物の増加や，それに伴う環境破壊が社会問題
になったことにより，静脈市場は拡大した。静脈領域には，回収，解体，破砕，
マテリアルリサイクル，サーマルリサイクルと複数の市場があり，各事業者が
単独で，あるいはコンソーシアムを組みながら，使用済自動車の有価物化にビ
ジネスとして取り組んでいる。

　この自動車の静脈市場におけるイノベーションを具体的に記してみよう。
「新たな商品」とは再資源化されたリサイクル材である。「新たな生産方法」と
は使用済自動車を再資源化するための技術である。「新たな原料や供給源」と

は再資源化された原料であり，バージン材料以外の供給源の提供である。リサイクル事業者から自動車の生産者へと「新しい販路」が開拓され，それらを具現化できる「新たな組織」としてコンソーシアムがある。リサイクルビジネスは法制度化によりフィーチャーされたが，そのイノベーションは社会に必須で，かつ永続的に貢献するものであり，今後も成長する大きな可能性を秘めている。

5／時間軸・空間軸を包含する社会性のイノベーション

　経済性の文言と共に語られる企業にとっての社会性は，自らの存在やビジネスが社会に配慮し，かつ社会の期待に応えることである。その具現化の1つに社会的課題のビジネス化があると述べてきた。社会的課題は，技術開発や価値観が変化しても，必ず存在する。

　本章で事例とした資源有効利用の再資源化ビジネスは，過去のビジネス活動の市場の失敗を補完し，そして未来のビジネス活動による市場の失敗を想定し戦略を立てる，つまり過去と未来の時間軸で社会的課題に取り組むものである。加えて社会的課題は，地域限定のものから，国境を越え地球単位で解決を迫られるものまである。企業は規模の経済や範囲の経済，経験効果などを活用しながら拡大する。そうした経済性の成長と同様に，企業は効率的かつ効果的に，社会的課題の解決に取り組む社会性が期待される。

　社会的課題の解決といった意味での社会性のイノベーションは，ビジネスや考え方の枠組みをリセットし，アップデートすることで生まれる。産業が異なっても普遍である。企業が経済性と社会性の両者を追求することは，時間軸・空間軸を鳥瞰した地球号としてのサスティナビリティを具現化する一翼を担うことである。企業は，このようにして社会の中で存在価値を持つ。

▶**注**

[1] CSRに関しては粟屋［2012］参照のこと。

[2] 3社とも該当企業のホームページにより確認。

[3] ESG投資に関しては，第5章に詳しい。

[4] 環境省HP

https://www.env.go.jp/policy/keizai_portal/B_industry/frontrunner/ecobiz.html
（2019年7月1日現在）

[5] 自動車リサイクルビジネスについては粟屋［2018］を参照のこと。

▶**参考文献**

粟屋仁美［2012］『CSRと市場―市場機能におけるCSRの意義』立教大学出版会。

ISO SR国内委員会監修，日本規格協会編［2011］『日本語訳ISO26000：2010社会的責任に関する手引』日本規格協会。

粟屋仁美［2018］『再生の経営学―自動車静脈産業の資源循環と市場の創造』白桃書房。

第 5 章

ESG投資による
資源再配分プロセス

1／ 外部不経済と市場の失敗

　近年，環境・社会・ガバナンス要素を投資判断に組み込むESG投資が拡大している。本章は，投資家の共感により醸成されるESG投資の潮流を，市場の失敗を補正する投資家の自律的活動による，資源再配分プロセスとして捉えるものである。

　企業活動はイノベーションを創出し，人々は豊かな生活を享受する一方，経済合理性を追求する結果，取引当事者以外に負の影響を及ぼし，外部不経済を引き起こす。亀川［2018］は，「株式会社は，人間の問題を解決するための社会装置であるが，他方で自らが社会的な費用を発生する。問題解決のための手段が新たな問題をもたらしている」[1]と述べている。

　例えば，企業は生産活動において意図しない結果として環境を汚染することがある。企業の生産過程で，市場での取引を通さずに外部不経済が生じるのは市場の失敗である。本来，企業の生産活動で生じた汚染の除去費用は，その財・サービスを消費する消費者が負担しなければならない。外部不経済に伴う外部費用を内部化する場合，株主はその除去費用を消費者に代わり一時的に負担し，これを価格に転嫁し，消費者より回収することになる。ESG投資は，消費者が負担すべき費用を事前に評価し，社会的費用を私的費用化する投資額を株主に負担させる仕組みである。

図表5－1 　市場の失敗例と対処方法

市場の失敗		例	対処方法
外部性	市場取引を通さず他者に及ぼす利益または不利益	大気・河川汚染，児童労働・強制労働（負の外部性）	環境税，建築規制，現代奴隷法
情報の対称性	売り手と買い手の持つ財・サービスの情報格差	品質偽装，インサイダー取引，保険市場での逆選択	情報公開，品質管理，法制度強化
不完全競争	市場への自由な参入ができない状況	独占企業・寡占企業による価格操作	独占禁止法，新規事業の参入促進策
所有権	所有権を規定できず，安定的な取引ができない状況	廃棄物投棄，著作権の不当利用・盗難	廃棄物処理法，著作権法，刑法
公共財	不特定多数の者が同時にサービスを消費できる状況	防衛，外交，道路建設	公的供給，補助金給付

出所：RIETI［2005］をもとに筆者作成。

　資本市場は適正な資源配分を行い，イノベーションを促進する機能を持つが，市場は完全ではない。企業活動の過程で，市場での取引を通さずに外部不経済が生じることがある。本章ではこの外部性の問題を取り扱う。外部性には2種類あり，プラスの影響の場合は正の外部性，マイナスの影響の場合には負の外部性と呼ぶ。前述の環境汚染は，市場の失敗の1つである外部性のうち，負の外部性（外部不経済）に該当する。そこで**図表5－1**にて，市場の失敗例と対処方法を示す。

　外部不経済が発生する場合，私企業が自ら発生させた社会的費用を内部化するか，もしくは公的機関が対処する場合に問題が解決に向かう。しかし，外部不経済は，意図しない結果であることが多く，これを認識することが難しい。大気汚染や水質汚濁など，政府やNGOなど他機関に指摘，もしくは非難されることで外部不経済の発生に気づき，社会的費用の内部化を実施する場合がある。しかし外部不経済が放置され，問題が解決されないままとなっている事例は数多く存在する。企業活動はグローバル化し，それに伴い外部不経済が与える影響の範囲が拡大している[2]。

2／市場の失敗としての人権問題

　企業はサプライチェーンを通して環境問題，人権問題に多かれ少なかれ関与
している。環境問題は，日本においては20世紀後半の高度経済成長期の影響で
問題が重要視され，改善策に取り組む企業も多いが，人権問題においてはより
一層の対策が必要な状況である。例えば児童労働の問題である。電子機器に使
用されるレアメタル[3]，またはコットン（綿），チョコレート，コーヒー，紅
茶などの多くは児童労働者によるものとされている[4]。児童労働は国際条約で
禁止され，世界中のほとんどの国が禁止する法律を持つ。それでもこの問題が
起こる背景には，実態を把握することが困難であることや，子どもを働かせる
社会・文化的な習慣など複雑な要因が絡み合っている。

　企業にとって，児童労働者による原材料を低コストで使用することに経済合
理性があり，それが世の中の秩序または慣習であると捉え，罰せられなければ，
その企業活動は継続される。一方で法律や倫理に反するという認識を持ち，児
童労働者による原材料の調達は好ましくないという価値観を持つ企業は，その
ような原材料の使用を中止し，社会正義に適う持続可能性の高い原料調達を行
う。ただし，市場競争が存在する中で，このような行動をとる企業が存続する
ことは難しい。低いコストで生産する（低い倫理観を持つ）企業が，高いコス
トで生産する（高い倫理観を持つ）企業を淘汰してしまう。悪貨が良貨を駆逐
する市場の失敗である。市場に委ねていても，問題は一向に解決しない。現実
的には，企業行動を変えるには法・ルール等で規定するか，新たなインセン
ティブを設計することとなる。

　現在，複数国でビジネスと人権に関する法規制が制定[5]され，対象国でビジ
ネスを行う一定規模の企業に対してサプライチェーン上の人権に関する情報開
示を求めている。ビジネスのグローバル化が進む現在，サプライチェーンの監
査を実施，報告している日本企業も増えつつあり，他国のルールだからと無関
係ではいられない状況である。

しかし近年，法規制やルールの他に，企業行動に影響を与える動きが資本市場においてみられる。それがESG投資である。

3 ／ ESG投資拡大の潮流とその手法

ESG投資拡大の潮流は，2006 年に当時のコフィ・アナン国連事務総長が国連責任投資原則（Principles for Responsible Investment：PRI）を提唱し，機関投資家の投資判断プロセスにESG観点を組み込むべきとしたことに端を発する。PRIは，投資による社会・環境便益とともに，財務リターンを求めることを謳っており，決して財務リターンを犠牲にするものではない。PRIへ署名をした機関投資家は，企業の長期的な企業価値を捉えるにあたりESG観点から深くリサーチし，エンゲージメント[6]を行うことをコミットすることとなる。

世界のESG投資額は，2018年は約31兆ドルと2016年比で34%増加し，地域別では欧州が17%増，米国が38%増，日本は2.2兆ドルと4.6倍に増加している。日本のESG投資金額は国内運用資産の18.3%を占め，他国と比較すればその割合は小さい。2016年にはわずか3.4%であり，日本ではそれまで機関投資家の多く

図表5－2 ESG投資残高の推移

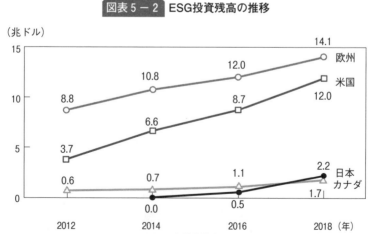

出所：Global Sustainable Investment Reviewより筆者作成。

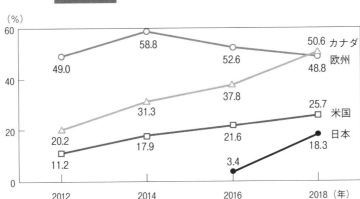

図表5-3　運用資産に占めるESG投資比率の推移

出所：Global Sustainable Investment Reviewより筆者作成。

がESG投資に消極的であった。その背景には，ESG投資を促す外的要素（世論，法制度や政府の要請など）が少なく，また運用成績に対する効果が明確でない点が挙げられる。しかし世界最大の年金基金でもある日本の年金積立金管理運用独立行政法人（Government Pension Investment Fund：GPIF）が2015年にPRIに署名したことを契機とし，他の運用受託機関もこれに追随する形でPRIへの署名機関数が増加している。PRIへの署名機関は運用においてESG課題を考慮することを基本姿勢とし，活動状況や進捗状況をPRIへ報告することになるため，日本においてもESG投資への取り組みが本格化している。

　株主には，個人投資家，事業会社，金融機関，年金基金などさまざまな種類があるが，金額規模が大きいのは年金基金である。国民の拠出した保険料のうち年金給付に充てられなかった分を，年金基金が積立金として市場で運用することにより年金財政の安定化を図っている。前述のGPIFはESG投資を拡大させており，その意味で国民の誰もがこの問題に関係していることになる。

　ESG投資手法[7]のうち，多くの世界の機関投資家が実施しているESGインテグレーションは，投資機会とリスクの観点でESGの要素を運用プロセスに組み込むものである。またスクリーニング型[8]は，ESGの観点から投資の組み入れ

図表5－4 ESG投資の分析項目例

	環境	社会	ガバナンス
一般基準	・二酸化炭素排出 ・再生可能エネルギー ・水資源 ・廃棄物管理 ・リサイクル ・生物多様性 ・環境汚染 ・責任ある材料調達	・雇用慣行・労使関係 ・サプライチェーンと労働管理 ・労働安全衛生 ・責任ある材料調達 ・製品安全，責任 ・地域社会への貢献と人権ポリシー	・取締役会構成 ・監査・内部統制 ・役員報酬 ・株主の権利 ・企業倫理 ・公正な競争 ・租税回避
セクター基準	・環境対応車（自動車） ・森林管理（紙パルプ） ・グリーンファイナンス（銀行・保険） ・環境配慮の包装（食品・小売） ・グリーンビルディング（建設）	・医療へのアクセス（医薬） ・乗客の安全（自動車） ・情報アクセス（IT） ・プライバシー・データセキュリティ（IT） ・責任あるメディア ・紛争鉱物（電子機器）	・汚職と政治不安

出所：アムンディ，MSCI等をもとに筆者作成。

や除外の判断をする手法である。分析の際には，運用機関が独自で調査をする場合もあれば，ESG評価機関[9]によるデータが使用されることもある。**図表5－4**はESG投資の分析対象となる項目の例である。セクター共通の一般基準と，各セクター固有のテーマについて，それぞれ分析を行うケースが多い。ある評価機関は，サステナビリティ関連製品が売上高に占める割合を調査し，評価に組み込みスコア化している。また米国の投資ファンド[10]では，投資先企業のサプライチェーン上で児童労働や強制労働が行われていないか，アナリストが実際に現地に出向き，チェックをしているという。

4 ESG投資のパフォーマンス

ESG投資は拡大の一途である。しかしESG投資と運用パフォーマンスの関係性において，総じてポジティブとする研究が多いものの，通常の投資と有意な差がない，もしくはネガティブであるとする研究もみられ，統一的な見解は見

いだせていない[11]。ESGに特化した，小規模のESG投資ファンドが良好なパフォーマンスを実現することは十分にあり得るが，資産規模が大きくなればなるほど，運用の効果は低下せざるを得ない。

　ESGの投資対象は主に成熟した大企業である。新興企業による新たな事業はさまざまな問題を引き起こすが，初期の段階では社会も企業自身もそれに気づくことがなく，自社の活動の何が社会的費用となるのかを見極める段階にない。例えば自動車業界が発展する段階で排気ガスの問題が生じるとは考えていなかったであろうし，スマートフォンが交通事故の原因になるとは予想もしていなかったであろう。企業が成熟段階となって初めて正当な取引とは何かが社会的にも企業自身にも認識できるようになるが，この段階の企業の成長率は低く，企業価値は高原状態（プラトー）にあり，投資収益率は相対的に高くはない。

　成熟企業で正当な活動を行っている企業は，安定した収益を稼ぐ持続可能な企業として投資家が認知し，資本コストは低く，企業価値は高いが，投資収益率は新興企業と比較すれば相対的に低くなる。しかし成熟企業でありながら，社会的費用を内部化せず放置する企業は，社会的批判を受け，投資家の評価が下がることで新しい成長分野の資金調達が困難となり，衰退していくであろう。

5／市場に映し出される「共感」の存在

　歴史を振り返ってみれば，イギリスの産業革命から始まる経済発展は世界各国に拡大し，企業の私的利益の追究が豊かな社会を作り出してきた。その過程で市場の失敗が起こり，世界各地で社会に影響を与える多くの問題が発生する。
　企業と社会の関係，企業の役割や責任に関する議論は，古くはアダム・スミスに始まり現在に至るまで，歴史の中でさまざまな議論がなされてきた。その中において，企業の社会的責任論（CSR論）が登場する。CSR論についてはぜひ第 4 章を参照されたい。ここでは経済学の祖であるアダム・スミス（Adam Smith）と，現代の経済学者，ジャン・ティロール（Jean Tirole）を取り上げる。両者には 2 世紀半もの時代差があるにもかかわらず，企業と社会の関係を

論じており，この議論が尽きることのないテーマであることを感じさせる。

　18世紀後半，スコットランドの経済学者アダム・スミスは，経済主体が私的利益を追求するほうが，公的利益の追求を意図する場合よりも効率的に社会の利益を高められると述べた。私的利益の追求が，社会の目的を達成する動きを促進し，結果として最適な資源配分へと向かう。これを社会的な「共感」の働きであるとした。正当な価値観を市場が織り込み，「神の見えざる手」により最適な資源配分が行われると考えられていたのである。これは，完全競争を前提としたものであるが，現実には完全競争は存在せず，市場の失敗を回避するために法やルールが存在する。

　そして21世紀，フランスの経済学者ジャン・ティロールは，「市場は社会的な絆を強めもしなければ弱めもしない。ただ私たちの心を映す鏡となる。」[12]と述べている。つまり人が直面する即物的または社会的なインセンティブに反応した結果が，市場という鏡に映し出される。市場そのものに意思はなく，よって「神の見えざる手」も存在しない。そこに参加する者の価値観がそのまま市場に反映されるだけである。個人個人の異なる価値観が最大公約数としての「共感」になり，市場に映し出されるのである。

6／情報の非対称性を解消する技術革新

　技術革新により，市場に参加する者の価値観が市場に反映される過程が大きく変化している。例えば機関投資家[13]がビッグデータやAIを活用して投資判断に活用し，ブロックチェーン技術によりサプライチェーン上の情報を追跡できるシステムが活用され，誰でもアクセス可能となることで企業活動が透明化されつつある。新聞記事やアナリストレポートも，短時間で自動テキスト化が可能となり，情報がリアルタイムで流通するようになっている。企業の不正や不誠実な対応がSNSで公開され，またサプライチェーン上の途上国の下請け工場での過酷な労働状況がニュースで配信され，瞬時に株価が下落する。技術革新は情報の非対称性を解消し，企業が社会に与える影響が即座に企業価値に反映

される。

7 ESG投資による資源配分プロセス

　社会的費用を私的費用化しない企業は，フリーライダーと見なされ，正義に反するという投資家の意識が芽生えている。投資家はさまざまな方法で企業の行動を把握し，投資行動に反映させる。ESG投資は不正義を問われる企業への資本供給を抑制し，市場から淘汰しようとする。このような投資家の共感により醸成されるESG投資の潮流を，市場の失敗を補正する投資家の自律的活動として捉えることができる。そして経営者は，資本市場におけるESG投資家のメッセージを受け止め，外部不経済の内部化を実行する必要が出てきている。

　企業経営者は新たな価値を創造し，企業価値向上を追求する。投資家は，各自の価値観で「正しい」と認識する活動を行っている企業に資金を投入し，株主価値向上を追求する。しかし株主価値最大化を目的とした市場の資源配分プロセスは，必ずしも最適な資源配分を実現させることができず，市場の失敗を引き起こす。企業は不正に企業価値を高めようとしたり，投資家は不正に情報を得ようとする。それでも情報ソースの多様化と技術革新により情報の非対称性が縮小し，ESG投資により，適正な資源配分が行われる。

　ESG投資により，市場に参加する者の「正しい」価値観を反映し，資源の最適な配分を行うことができる。市場に参加する者，それはわれわれ自身でもあり，われわれ自身の価値観が「共感」として市場という鏡に反映されるのである。

▶注

1 亀川［2018］，18頁。
2 例としてプラスチック廃棄物の問題がある。低コストでのリサイクルを目的として先進国が新興国に廃棄物を輸出（日本は回収PETボトルの4割を輸出），適正に処理されず海洋に流出，世界中の生物に影響を与えている。
3 コンゴで採取されるタンタル・コルタンは多くの電子機器に使用されるが，武装勢力の資金源となったり，児童労働・強制労働による採掘が行われるなど人権上の問題が多い。
4 児童労働とは義務教育を妨げる労働や法律で禁止されている18歳未満の危険で有害な労働のこと。2017年，世界で1億5,200万人が児童労働に従事，その約半分はアフリカに存在し，アフリカの子どもの5人に1人が児童労働者と言われ，今なお増加の一途である。
5 米国ドッド・フランク法の紛争鉱物条項（2013年），米国カリフォルニア州サプライチェーン透明法（2015年），英国現代奴隷法（2017年），フランスの人権デューデリジェンス法（2017年），オランダの児童労働デューデリジェンス法（2018年），オーストラリアの現代奴隷法（2019年）
6 投資家が投資対象である企業と直接対話により働きかけを行うこと。日本版スチュワードシップ・コードの中でも投資家の責任として行うべきとされる。
7 その他，特定テーマに対して投資を行うテーマ型，投資先企業との対話を通じて企業行動に影響を与えるエンゲージメント・議決権行使などがある。
8 ポジティブ，ネガティブ，国際規範スクリーニングなど。
9 MSCI，FTSE，DJSI，Sustainalytics等多数。
10 米国Clear Bridge社の運用責任者へのヒアリングによる。
11 湯山［2019］。
12 Tirole, J., 邦訳［2016］，71頁。
13 ESGクオンツ運用会社であるイギリスのアラベスク社は，機械学習やビッグデータを使用してESGスコアを投資家に提供している。

▶参考文献

Smith, Adam.［1759］*The Theory of Moral Sentiments.*（高哲男訳［2013］『道徳感情論』講談社学術文庫）

Tirole, Jean.［2016］*Économie du bien commun.*（村井章子訳［2018］『良き社会のための経済学』日本経済新聞出版社）

アムンディ・ジャパン編［2018］『社会を変える投資 ESG入門』日本経済新聞出版社。

亀川雅人［2018］『株式会社の資本論―成長と格差の仕組み』中央経済社。

Global Sustainable Investment Alliance "2018, 2016 ,2014 Global Sustainable Investment Review"
　　　http://www.gsi-alliance.org/

湯山智教［2019］「ESG 投資のパフォーマンス評価を巡る現状と課題」
　http://www.pp.u-tokyo.ac.jp/wp-content/uploads/2016/09/GraSPP-DP-J-19-001.pdf
日本経済新聞社［2018］「ESG投資，TOPIXを下回る 17年度の年間収益率 GPIFが初
　の報告」（2018年 8 月14日）
　https://www.nikkei.com/article/DGKKZO34117200T10C18A 8 DTA000/
藤田勉［2018］「過大評価されるESG投資と資本市場の調和」
　http://www.camri.or.jp/files/libs/1043/201802051257519667.pdf
野村證券クオンツ・リサーチ山本雅子［2016］「国内 ESG 投資の「過去」「現在」「未
　来」」
　https://www.nomuraholdings.com/jp/services/zaikai/journal/pdf/p_201610_01.pdf
独立行政法人経済産業研究所（RIETI）［2005］「政府の失敗―市場の失敗への介入と
　しての規制の法と経済学」
　https://www.rieti.go.jp/jp/events/bbl/05042701.html.

（アクセス日はすべて2019年 6 月30日）

第 **6** 章

企業におけるソーシャル・キャピタル展望

1 統合報告における社会関係資本

　近年，従来の財務報告だけではなく，環境（Environment），社会（Social），ガバナンス（Governance）といった非財務情報も含めたESG投資に関心が高まっている。気候変動や二酸化炭素低減への対応等の環境問題への取り組みや，株主や投資家以外の従業員，地域社会といった企業を取り巻くステークホルダーとの関係性や社会問題への取り組み，コンプライアンスを含めた企業統治への取り組みなど，財務情報だけではなく，非財務情報を含めて投資判断がなされるようになった。今や，投資判断を促すために，非財務情報の重要性は格段に高まっている。近年，より一層，財務情報と非財務情報を統合して投資家に情報を開示する「統合報告書」が求められるようになっている。

　2013年にNGO組織の国際統合報告評議会（IIRC）が，国際統合報告フレームワークを公表している。その中で，企業が持続的に成長するための「価値創造プロセス」が紹介され，企業において重要な6つの資本を取り上げている（**図表6−1**参照）。それは，財務資本，製造資本，知的資本，人的資本，社会・関係資本，自然資本の6つの資本である。

　国際統合報告フレームワークによれば，社会関係資本は「個々のコミュニティ，ステークホルダー・グループ，その他のネットワーク間又はそれら内部の機関や関係，及び個別的・集合的幸福を高めるために情報を共有する能力。」

図表6-1 価値創造プロセス

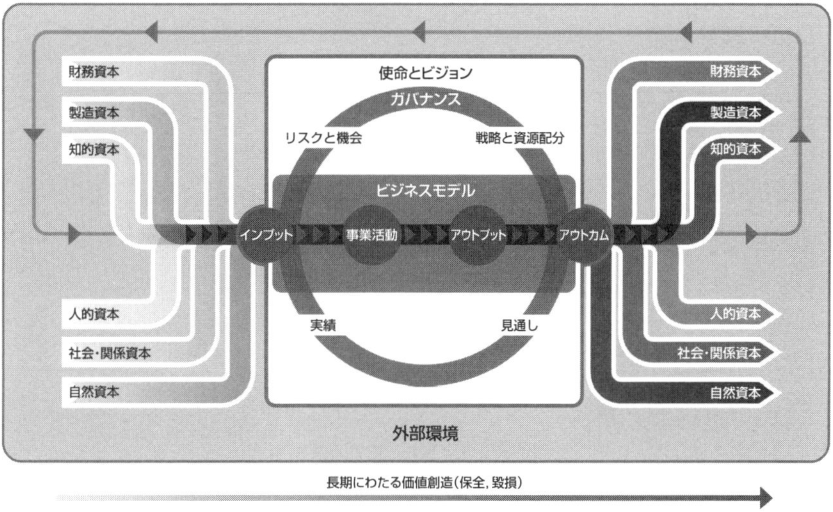

出所：国際統合報告協議会［2014］，15頁。

（国際統合報告協議会［2014］，15頁）と定義づけられている。また，社会関係資本には次のようなものを含むと例示されている。

- 共有された規範，共通の価値や行動
- 主要なステークホルダーとの関係性および組織が外部のステークホルダーとともに構築し，保持に努める信頼および対話の意思
- 組織が構築したブランドおよび評判に関連する無形資産
- 組織が事業を営むことについての社会的許諾（ソーシャル・ライセンス）

　財務資本，製造資本，知的資本，人的資本などに並んで，持続的な企業の価値を創造する資本として，社会関係資本（ソーシャル・キャピタル）が位置づけられている。しかも，社会関係資本が活かされることによって創造されたブランドや評判（レピュテーション）という無形資産にまで視野に入れられているのである。

2／社会関係資本（ソーシャル・キャピタル）

（1）社会関係資本とは

　社会関係資本とはそもそもどのようなものなのであろうか。社会関係資本は，近年，社会学から政治学，経済学，経営学などの幅広い分野で研究が進展している。社会関係資本の訳語は，英語のSocial Capitalである。本章ではSocial Capitalの訳語として「社会関係資本」を使用し，一般に社会インフラの意味で用いられる「社会資本」とは区別する。

　社会関係資本は，研究者の間でもさまざまな定義が存在し，例えば次のようなものがある。Bourdieu［1986］によれば，「多かれ少なかれ制度化された相互認識及び相互承認の持続的ネットワークの所有」（Bourdieu［1986］，249頁）であり，Putnam［1993］は，「協調的行動を容易にすることにより社会の効率を改善しうる信頼，規範，ネットワークなどの社会的仕組みの特徴」（Putnam［1993］，邦訳［2001］，206頁）と定義している。このように社会関係資本の定義は実にさまざまなものであるが，おおよそ一般的には，①信頼（trust），②互酬性の規範（normative），③ネットワーク（network）といった概念が，社会関係資本の基本的な中核要素となっている。

（2）社会関係資本の中核要素①―信頼

　社会関係資本は，つながりや関係が価値を持つ資本なのであるが，つながりや関係を支えるためにも，信頼が必要である。

　Putnam［1993］は，信頼があると自発的な協力が生み出され，自発的な協力がさらなる信頼を生み出すと社会関係資本における信頼の役割を論じている。信頼の定義にはさまざまなものが存在するが，荒井［2006］は「AのBに対する信頼とは，Bの表明したことや（表明しない場合は）社会的に倫理的と考えられることをBが行うとAが信じる確率である。」（荒井［2006］，28頁）と定

義した。また，システム論で著名なドイツの社会学者Luhmann, N. [1973] は，
「信頼とは，最も広い意味では，自分が抱いている諸々の（他者あるいは社会
への）期待をあてにすること」（Luhmann, N. [1973]，邦訳 [1990]， 1 頁）
と述べた。複雑性が増加している人間社会の世界において，複雑性を縮減する
メカニズムとして信頼が存在することを指摘している。また，社会心理学者の
山岸 [1998] は「信頼は，社会的不確実性が存在しているにもかかわらず，相
手の（自分に対する感情までも含めた意味での）人間性ゆえに，相手が自分に
対してそんなひどいことはしないだろうと考えることである。」（山岸 [1998]，
40頁）と定義している。以上からもわかるように，「信頼」とは将来のことを
期待する期待概念の一種である。

　山岸 [1998] の議論では，信頼には情報が重要な役割を果たすと指摘される。
情報が溢れるオープン市場型の環境の中で，情報による自分の位置づけを確認
し，自分のほうに有利な情報が流通するように社会的環境を整えることが求め
られる。有利な社会的環境の整備は，本人から発信された情報だけではなく，
本人以外から間接的な得られる信頼に足る情報としての「評判」の果たす役割
が大きい。

(3) 社会関係資本の中核要素②—互酬性の規範

　社会関係資本を構築するためには信頼が必要になる。また，信頼を支えるた
めには，互酬性の規範が重要になる。互酬性の規範には特定的互酬性と一般的
互酬性の２種類の規範が存在する。

　前者の「特定的互酬性」は，相互的な交換関係にあり，現時点では不均衡な
交換でも将来均衡がとれるであろうとの期待をもとにした持続的な協調関係の
互酬性である。例えば，オフィスの同僚がクリスマスイベントとしてプレゼン
トを交換し合うなどがそれに当たる。

　後者の「一般的互酬性」とは，特定の個人からの見返りがなくとも，長期的
には当事者全員の効用を高めるという連帯の調和に役立つ互酬性である。一般
的互酬性は，すぐには見返りがなく，その交換関係の均衡を欠く場合でも，長

期的には誰かからきっと途中で何らかの返礼がされるはずであるという期待である。Putnam［2000］が指摘するように一般的互酬性とは，「直接何かがすぐ返ってくることは期待しないし，あるいはあなたが誰であるか知らなくとも，いずれはあなたか誰か他の人がお返しをしてくれることを信じて，今これをあなたのためにしてあげる」（Putnam［2000］，邦訳［2006］，156頁）ということを指している。

　マーケティング論における関係性マーケティングでは，和田［1998］が企業とステークホルダーとの関係性をつくる概念として「信頼」を挙げている。和田［1998］によれば，信頼には，①認知的信頼と②感情的信頼という2つの信頼に整理している。

　①認知的信頼は，二者間の関係において期待したことを実行するということが繰り返し行われることに認知する信頼であり，②感情的信頼は，恋愛において好きな人を信じるという信頼である。この2つの信頼は相互に関連するもので，②感情的信頼があって①認知的信頼が深まるし，①認知的信頼が②感情的信頼を醸成するもののようである。和田［1998］が指摘する①認知的信頼が，社会関係資本でいうところの互酬性の規範にあたる。

　互酬性の規範が，信頼を深く醸成するのであり，信頼と互酬性の規範は相互に関係性がある。

(4) 社会関係資本の中核要素③──ネットワーク

　社会関係資本は，つながりが価値を持つ資本であるが，つながりとはネットワーク（network）のことである。互酬性の規範は「社会的交換の密なネットワークにより支えられる」（Putnam［2000］，邦訳［2006］，159頁）とネットワークが基盤となっている。

　将来協力者となるかも知れない見ず知らずの二者が，緊密なコミュニティのメンバーであったならば，コミュニティで再会する可能性は高まり，また相手の噂や評判を耳にする可能性は高くなることが想定される。だからこそ，その二者の行動は統制され，相手を騙して搾取するようなことはしなくなる。ネッ

トワークにより互酬性の規範が促進されるのである。ネットワークはもちろん，信頼関係や互酬関係を伴い，社会関係資本を構成する。

　つながりはネットワークなのであるが，ここでいうネットワークとは単なる接触しているという意味ではない。コミュニティ参加のネットワークは，信頼や強固な互酬性の規範を伴ったものでなければならない。互酬性という規範は，社会交換によるネットワークにより促進されるのである。信頼した相手から弱みにつけ込まれるのではなく，返礼としてその相手から信頼し返されることが確信できるメンバーが多い集団では，交換が生まれやすい。交換が生まれやすいということは，社会的な効率性が高まりやすくなるということである。このように信頼と互酬性の規範を伴うネットワークが交換を促進し，社会的な効率性を高める。

　社会関係資本におけるネットワークを考える際には，2つのネットワークのあり方が存在する。同質なもの同士が結びつく結束型（Bonding）と，異質なもの同士を結びつける橋渡し型（bridging）である。

　結束型ネットワークは，強い絆によってそのネットワークは強力に結ばれており，互酬性を安定化させ，連帯を動かしていくのに都合がよい。しかし，その反面，内部志向的であり排他的，閉鎖的となる場合が多い。例えば，大学の同窓組織などを連想すればわかりやすいであろう（Putnam［2000］，邦訳［2006］，19頁参照）。

　これに対し，橋渡し型ネットワークは，結束力は強くはないが，より開放的，横断的である。外部資源との連携や情報伝播に優れている。例えば，災害地のボランティア協力のため，さまざまな経歴の人々が集うことを想定すればわかりやすいであろう。Burt［1992］は，結束型ネットワークよりも，橋渡し型ネットワークのほうが対外的に開かれており，異なるグループとの構造的隙間を埋めることができ，パフォーマンスが高いと指摘している。

　また，Granovetter［1973］は，職探し等のように自分から情報を詮索する場合には，橋渡し型ネットワークのような弱い人間関係でつながっているネットワークのほうが，自分と異質の人と出会う確率が高くなり，自分と同質的で

ある親族や親密な友人よりも実際には有効であるという「弱い紐帯の強さ」を指摘している。イノベーションについても同じことが言えそうである。

3 市場と社会関係資本

(1) 取引コストを低減する社会関係資本

　そもそも新古典派経済学では，市場は資源の配分を可能にする生産財および生産要素の交換取引の場である。また，市場は需要と供給のメカニズムにより，取引に関するあらゆる情報が織り込まれ，価格に反映される資源配分の場とされる。市場を議論する際には，市場は完全市場であるというのが所与となっている。完全市場とは，情報がすべての市場参加者にコストなしで一様に行き渡り，取引費用や取引制限，税金がなく，商品は同質なものであり，合理的経済人が取引の主体者であるという仮定が置かれる世界のことである。しかしながら，実際の現実社会では市場にはそのような都合のいい市場は存在しない。

　取引される財・サービスに関して，情報の不完全性や非対称性が存在する場合には，取引当事者は，価格情報だけでは取引を行うことはできない。取引に値する財・サービスの内容や品質を吟味する必要があり，財・サービスの内容や品質を評価するためにも情報が必要なのである。

　実際の世界で市場取引をするためには，取引相手を詮索する費用や，取引を実行する費用などさまざまな費用が発生する。また，情報を十分に行き渡らせるためには，莫大な広告宣伝費が必要になる。Coase, R.やWilliamson, O.E.が指摘する取引コストがかかるのである。

　そして，情報を伝えるということは，当事者間で何らかのやりとりを行うことであり，当事者相互にコミュニニケーション活動を通じて，関係を構築することが求められる。市場に関わるステークホルダーとの関係構築が必要であり，お金を払えばすぐにできるものではなく，長い時間をかけ，何度も繰り返す取引やそれなりの労力が必要である。

　市場での交換取引には必ず何らかの取引コストが生じる。信頼・互酬性の規範・ネットワークといった社会関係資本が充実していれば，一層，取引コストは低減し，より活発な交換が行われるようになる。

(2) イノベーションとネットワークタイプのデザイン

　野中・竹内［1996］が知識創造論のSECIモデルで説明したように，組織内の知識は，共同化，表出化，結合化，内面化を通じて，らせん状に高まっていく。新しい知識の創造により，イノベーションを生み出すことも可能となってくる。暗黙知から形式知に置き換えを図るためにも従業員相互のつながりや関係が重要になる。組織内での協働や連携により，個々の従業員が持っている情報や知識が自由に低コストで流通し，交換されることで，新しい技術や知識を通じてイノベーションを生み出すことができる。

　企業内部では，専門性の高い研究開発部門のような特定領域を扱う組織は，タコつぼ的な組織（結束型）となりがちである。しかし，新たな知識を実用化させるためには，結束型の組織同士をつなげる橋渡し型ネットワークの仕組みが重要である。顧客や取引先の声を熟知している営業部門と研究開発部門の協働や連携がイノベーションを生み出す可能性がある。

　このように社内の中でも結束型および橋渡し型のネットワークをデザインすることが経営者には求められる。組織内でのネットワークも，組織における信頼関係やある一定の規範が形成されてこそ出来上がるものである。2つのタイプのネットワークは意識的にデザインしなければ，効果的に出来上がるようなものではない。

　また，同様のことは企業という組織内部だけではなく，社外においても起こり得る。社外の企業間関係においては，橋渡し型ネットワークの構築が重要である。橋渡し型ネットワークにより，社会関係資本が豊かになることで，取引コストが低減し，社外の組織との協働や連携が，イノベーションを生み出す。

(3)　財・サービス市場で重要性を増すトラスト

　財・サービス市場において，ここ10年での最も大きな変化はスマートフォン（スマホ）の普及である。総務省［2018］による2017年のスマホ世帯普及率は，94.8％であった。2007年のiPhone発売以後，スマホは急速に普及し，今やパソコンや固定電話よりも普及している。スマホにより，簡単にSNSを利用し，個人と個人が容易につながることが可能となった。そして，これまで企業の財・サービスの受け手であった消費者自らが容易に情報発信を行うことができる。写真を撮ってSNSに投稿し，仲間と共有する消費者が急速に増えている。消費者が情報発信の主体となり，情報の流通構造は大きく変化している。

　情報の流通構造が変化し，企業と消費者の距離がより近づいたことで，企業は消費者との関係をどのように作るのか戦略の見直しが必要になってきている。

　北見・阪井・末次［2017］では，消費者10,000人を対象に，企業の魅力と購買行動の関係について大規模調査を行った。10業種150社を提示し，企業の魅力36項目の調査データをもとに探索的因子分析を行った。その結果，企業の魅力構造は「トラスト（信頼・安定性）」「バイタリティ（活力ある風土）」「提供バリュー」という3因子構造であった。そして，各因子の因子得点を説明変数とし，魅力を感じた後の購買行動に関わる項目を目的変数とする重回帰分析を行った。その結果，「購買」に最も影響を与える企業の魅力要素は「トラスト（信頼・安定性）」（標準化係数：0.461，$p<0.01$）という結果だった。次いで，「提供バリュー」（標準化係数：0.401，$P<0.01$）である。つまり，消費者は購入にあたって財やサービスの価値（バリュー）よりも，トラストに最も影響を受けることが示唆された。

　マーケティングの世界でも，嶋口・石井［1995］が指摘するように，財・サービス市場での取引は，「交換パラダイム」ではなく，時代は「関係性パラダイム」にシフトしている。消費者と単なる双方向の関係というよりも，消費者と一体的で共創的な長期パートナーとなる関係マネジメントが重要なのである。SNSの普及で情報の流通構造が大きく変化し，企業と消費者の距離がより

近づいたからこそ，より一層消費者との関係が大事なのである。消費者との間にどれだけトラストを生み出すことができる関係を作ることができるが重要になる。ここでのトラストや関係構築は，企業における社会関係資本そのものである。

　企業のブランド戦略は，これまでのイメージ戦略に加えて，従業員の行動や企業活動などを評判という形でマネジメントする評判戦略がより重要になっている。互酬性の規範のある信頼の高い従業員の行動や，社会課題の解決に導く透明性の高い企業活動の繰り返しが，高い評判の獲得につながるのである。また，高い評判がその企業の信頼性そのものを高めるのである。そして，その高い評判と信頼が企業のブランド力を高める。

　目標とするブランド像をこれまで以上に明確に持ち，その目標にふさわしい行動・活動を社内の隅々にまで浸透させ，組織的に実行し，ステークホルダーに伝え，共感を獲得して，評判を高めていくことが，目標とするブランド像への近道になるのである。

▶参考文献

荒井一博［2006］『信頼と自由』勁草書房。

北見幸一・阪井完二・末次祥行［2017］「企業の魅力要素と購買行動の考察」『日本マーケティング学会カンファレンスプロシーディングス』Vol.6, 195-205頁。

北見幸一［2010］『企業社会関係資本と市場評価—不祥事企業分析アプローチ』学文社。

国際統合報告評議会（IIRC）［2014］『国際統合報告フレームワーク日本語訳』。

http://integratedreporting.org/wp-content/uploads/2015/03/International_IR_Framework_JP.pdf

総務省［2018］『平成30年度版情報通信白書』日経印刷。

嶋口充輝・石井淳蔵［1995］『現代マーケティング〈新版〉』有斐閣。

野中郁次郎・竹内弘高著，梅本勝博訳［1996］『知識創造企業』東洋経済新報社。

山岸俊男［1998］『信頼の構造—こころと社会の進化ゲーム』東京大学出版会。

和田充夫［1998］『関係性マーケティングの構図—マーケティング・アズ・コミュニケーション』有斐閣。

Burt, Ronald S.［1992］*Structural Holes: The Social Structure of Competition,*

Harverd University Press.（安田雪訳［2006］『競争の社会的構造―構造的空隙の理論』新曜社）

Bourdieu, P.［1986］"The Forms of Capital," in John G. Richardson, ed., *Handbook of Theory and Research for the Sociology of Education*, Greenwood Press, pp.241-258.

Granovetter, M. S.［1973］The Strength of Weak Ties, *American Journal of Sociology*, Vol.78, pp.1360-1380.（大岡栄美訳［2006］「弱い紐帯の強さ」野沢慎司編・監訳『リーディングスネットワーク論―家族・コミュニティ・社会関係資本』頸草書房，123-154頁）

Putnam, R.［2000］*Bowling Alone: The Collapse and Revival of American Community*, Simon & Schuster.（柴内康文訳［2006］『孤独なボウリング―米国コミュニティの崩壊と再生』柏書房）

Luhmann, N.［1973］*Vertrauen : Ein Mechanismus der Reduktion Sozialer Komplexität*, F. Enke.（大庭健・正村俊之訳『信頼―社会的な複雑性の縮減メカニズム』勁草書房，1990年）

第7章

イノベーションと
パブリックリレーションズ

1 パブリックリレーションズの概念

　本章では，パブリックリレーションズ（以下，PRという）の観点からイノベーション（特にオープンイノベーション）について考察する。

　PRは「組織体とその存在を左右するパブリックとの間に，相互に利益をもたらす関係性を構築し，維持するマネジメント機能（Cutlip・Center・Broom、2006）」と定義される。PRの対象であるパブリックとは，企業を取り巻くステークホルダーによって構成される。企業経営における主なステークホルダーは，株主・投資家・債権者，従業員，取引先，顧客，地域住民・自治体・政府などである。これらは企業と何らかの明示的・暗黙的な契約関係にあり，企業との間で，金銭や活動のやりとりが発生する可能性を有するという意味で，直接的なステークホルダーと位置づけられる。

　さらに企業とステークホルダーの取引には，双方を結ぶ媒介としての間接的なステークホルダーも存在する。投資家と企業の取引関係は，証券会社やファンドなどが介在する。雇用には，人材紹介や派遣会社などが介在する。顧客との関係には，仲介業者や広告代理店がおり，政府との関係でも，税理士や弁護士が介在している。いずれも，金銭的な報酬を得て企業とステークホルダーの取引関係を円滑化している。さらに，NGOやNPO，労働団体や業界団体，消費者団体などそれぞれのステークホルダーの利害を代弁する組織がその周辺に

あり，直接的なステークホルダーの代理人と捉えることができる。これらの関係者は，企業と直接的関係者との関係構築に間接的に関わるため，間接的なステークホルダーといえる。

　これに加えてメディアやオピニオンリーダーのように世論や企業の評価に影響を与える人々がいる。近年，インターネット上でブログを公開し，あるいはSNSでの発言によって，多くの人々の購買行動に影響を与える人たちがインフルエンサーと呼ばれているが，本章では古くから社会や世論に影響力を持っているオピニオンリーダーやメディアまで遡って，インフルエンサー（影響力保有者）と呼ぶ。オピニオンリーダーには，学者，評論家，専門家や研究機関，アナリスト，シンクタンクなどがいる。また，メディアは従来の新聞，雑誌，テレビ，ラジオに加えて，ネットメディアやブログ，SNSが大きな位置を占めている。

　直接的・間接的ステークホルダーと企業の関係に，インフルエンサーが情報を流通させ影響を与えることによって，さらにその周辺の，金融界，労働界，産業界，一般生活者，地域社会や国際社会といった層との関係が形成されていくと考えられる。これらの総体を本章ではパブリックと呼ぶ（**図表7－1**）。

　次に，企業とステークホルダーの「相互に利益をもたらす関係」について考察する。この相互に利益をもたらす関係とは，企業とステークホルダーが共に納得する利益を得ることが必要となる。また，ステークホルダーは複数いるので，企業がすべてのステークホルダーと相互に利益をもたらすためには，すべてのステークホルダーが納得する利益が配分されなければならない。一方で，ステークホルダー間の利益は相反している。企業の売上は顧客から得られた限りであり，従業員に多く払うか，取引先に多く払うか，税金を多く払うか，株主に多く払うかは配分の問題である。これらのステークホルダー間の利害を調整し，多くのステークホルダーが合意する利益配分が行われることによって，「相互に利益をもたらす関係」が達成されるといえる。企業の経営活動は資源を付加価値に変え，ステークホルダーに配分することといえる。

　また，ステークホルダーが将来の利益配分に合意するためには，経営戦略や

図表 7 - 1 ステークホルダーとインフルエンサーによるパブリックの構成

利害関係者	金融市場	労働市場	取引市場	商品市場	社会市場
直接的ステークホルダー	株主・投資家 金融機関	従業員 学生・OB	取引先 関連業界	顧客 消費者	政府・自治体 地域住民
間接的ステークホルダー	証券業・ファンド NGO/NPO	人材派遣業 労働団体	コンサル業 業界団体	広告・販促業 消費者団体	弁護士・税理士 NGO/NPO
オピニオン系インフルエンサー	学者，評論家，専門家，研究機関，アナリスト，シンクタンク，等				
メディア系インフルエンサー	新聞，雑誌，テレビ，ラジオ，ネットメディア，ブログ，SNS，等				
パブリック	金融界	労働界	産業界	生活者	地域社会 国際社会

出所：筆者作成。

　事業戦略に対しての合意も必要である。将来の利益はまだ確定していないし，それどころか企業の存続自体も不確実であるから，ステークホルダーは企業の方針や戦略を見定めてそれを推察する必要がある。企業の方針や戦略に合意して初めて，将来の利益配分にも合意ができるのである。

　経営者は経営方針を決め経営戦略やこれを実現するための戦術，あるは具体的な実行プランを推進しなければならない。目的達成のための道筋や因果関係を企業とステークホルダーとの間で合意することは，各自の役割や行動を明示し，何を提供し何を対価として得るのかが明確になる。ステークホルダー同士の間でもそれぞれの役割や行動が明確であることは，すなわち相互の利害が調整され，キャッシュフローが明確に認識され，ビジネスモデルが共有されている状態といえる。このようにすべてのステークホルダーとの合意形成によって，ステークホルダー間のビジネスモデルを明確化することが，PRの目的である

「相互に利益をもたらす関係」なのである。

　そして，このようにステークホルダーとの合意形成が図られることによって，金融市場，労働市場，Ｂ２Ｂ市場，Ｂ２Ｃ市場，それぞれにおいて取引コストが低減されることとなる。

　イノベーションは日本語では「技術革新」と訳されるが，ヨーゼフ・シュンペーター（Joseph A. Schumpeter）は「新結合」と定義している。これは，知識や技術，組織や方式がこれまでにはない新しい結びつきをすることを意味している。知識や技術，組織や方式は何らかの形で人に帰属しているから，イノベーションは新たな利害関係者の結合と捉えることができる。イノベーションにおいて，企業はステークホルダーと構築してきたこれまでの利害関係から離れ，新たな利害関係を結合しなければならない。あるいは全く新しいステークホルダーと新たな利害関係を結合することになる。このような新たな利害関係の結合において，PRはその推進を担う活動といえる。

2／取引市場と利害関係者

　生産活動のためのステークホルダー間の利害の結合は，経済学では資源配分の問題であり市場理論の中で論じられることになる。それは金銭の授受を伴うか否かには関わらない。新古典派経済学では，資源の最適配分を市場の価格機構に委ねている。この最適配分を実現するための理念型市場が完全競争市場である。この市場において企業は，自動的に結合した土地・資本・労働の生産要素により生産活動を行い，生産物は自動的に消費者に供給される。資本調達のコストや人材採用に必要なコスト，生産物の販売や管理に必要なコストは存在しない。既述の金融市場や労働市場，財・サービス市場と企業を媒介する専門の企業は必要なく，同様に企業組織にも，財務，人事，法務，購買，販促，広報などの専門部署は必要ないことになる。すなわちPRも必要ないのである。

　こうした完全競争市場は理念型モデルであり，市場の価格機能が最適資源配分を可能にするための条件設定である。もちろん，現実の市場を表現したもの

ではない。現実には市場参加者は完全な情報を持つことができず，売り手と買い手の間には情報の非対称性が存在する。そのため参加者は皆，限定的にしか合理的な行動がとれない。限定合理的で機会主義的な人間同士が取引する場合，互いに相手の情報を完全に得ることができないため，機会主義的行動に出る可能性がある。これが現実的なステークホルダー間の交渉過程である。

　取引に際しては機会主義的な行動を抑止するために，探索コスト，交渉コスト，監視コストが必要となる。これらを合わせて取引コストという。市場取引がこうしたコストを発生するため，これを削減するための企業組織が誕生する。また，金融関係の業務や人材紹介，コンサル，広告・宣伝などの専門仲介業務を必要とする。取引コストの大きさが特定業務を担う産業や企業組織内の専門部署の規模を決める。

　取引は①市場取引，②組織内取引，③中間組織取引の３つに分類される。市場が未整備であり取引コストが非常に高ければ，企業は市場取引ではなく組織内取引や中間組織取引を選択する。企業は組織内やグループ内に資本調達の組織や金融機関を内包し，製造過程を内製化するかグループ内の下請けや孫請け企業群を形成する。戦後の日本においては未整備な市場の中で，メインバンクを中心とした財閥グループや系列において長期的な中間組織取引が行われていた。

　特定の企業間での長期的な取引であれば，探索，交渉，監視に係る取引コストは軽減される。中間組織取引は，環境に対応して効率的に資源を利用し配分するシステムだったといえる。当時の日本は，資本市場が未発達であり，市場参加者は限定合理的で機会主義的な行動を行う可能性があり，法制度も未発達で契約内容が守られないリスクも高い，すなわち取引コストが非常に高い状態であった。逆に垂直統合を展開すると組織は巨大化し，やはり取引コストは高くなる。系列や財閥グループによる中間組織取引を維持することが，当時の日本では極めて合理的であった。

　明治維新以降，経済や産業の発展に大きな影響を与えた財閥であったが，戦時中の国策企業としての活動を問題視したGHQによって，戦後の財閥解体が

推進された。三菱，三井，住友，安田の四大財閥は，1946年施行の「持株会社整理委員会令」により，持株会社所有の有価証券およびあらゆる企業に対する所有権・利権を日本政府に移管，傘下企業に対する指令権・管理権の行使を禁止された。しかし，その後の高度成長期において，各グループは穏やかな結びつきのグループとして再結集していった。中間組織にあたるグループ内の企業間での取引によって，原材料の調達や販売経路の確保など，財閥グループは日本の産業界に独自のネットワークを築き戦後の経済発展に寄与していった。

　また，トヨタ，日立，松下などのケースに見られる系列取引も中間組織にあたる。いわゆる系列は，部品供給メーカーすなわち下請企業との緩やかな結びつきの中で長期的な取引を繰り返してきた。資本の注入や役員の派遣なども一部に見られ，開発計画や技術の共有が行われた。戦後の未成熟な市場において企業間取引のほとんどは相対売買であり，それが長期継続的な取引のなかで系列となった（**図表7-2**）。

　イノベーションに関しても同様である。日本においては，知識や技術，組織や方式の新結合は，高度経済成長期に中間組織内で行われた。

図表7-2　取引コストと取引市場の関係

	クローズ	オープン
取引市場	組織内・中間組織	グローバル市場
取引先	系列・グループ	海外調達 メッシュ化
株主・投資家	株式持合い 銀行支配	外国人投資家 個人投資家
従業員	終身雇用	中途採用 グローバル人材
新結合	知の深化	知の探索
関係構築	直接的アプローチ	間接的・PRアプローチ

出所：筆者作成。

　特定の企業群と長期的継続的に取引が行われるため，取引先を探索し，交渉を繰り返し，監視を行う必要はない。継続的な契約であれば，取引に関わる費用や手間が少なく，取引コストは低い。知識や技術の共有化やすり合わせ，組織や方式の結合も容易に行われ，日本企業の競争力の源泉となっていった。

　日本の製造業の優れた能力として「すり合わせ」の技術が挙げられる。設計から製造にいたる過程の中で，異なる技術分野の企業や技術者が調整を行い技術の結合を果たしてきた。このような調整や結合には，長期的・持続的な取引関係が必要であり，系列やグループ内取引がそれを支えてきた。また，トヨタ自動車が開発した「カンバン方式」も日本の製造業の代表的なシステムである。ジャスト・イン・タイムの生産管理は，系列企業内で結合され，高い競争力を確立した。しかし，一方でこのような中間取引は，結合を深化させるには適した関係であるが，新たな結合を探索するのには適していない。特定の企業群との長期的継続的な取引は，ダイナミックなイノベーションの可能性を減じてしまう問題がある。

3 オープン・イノベーションと情報のオープン化

　80年代以降，欧米からの系列に対する不満の声が高まり，1989年から始まった日米構造協議でもこの問題が取り上げられた。日本国内企業による系列取引が競争原理を阻害する非関税障壁であるとして，系列間での取引を優先させる国内慣行の撤廃が要求された。政府は競争促進型の産業政策に舵を切り，企業は世界市場での戦いに参入した。

　市場の規律やルールが新たに作られた90年代以降，日本国内では財閥グループ内取引や系列取引は減少している。ピラミッド型からメッシュ型といわれるサプライチェーン構造となり，オープンな市場での多様な取引が増えていった。知識や技術，組織や方式の新結合も，閉鎖的な中間組織内から，オープンな市場の中で探索されることとなる。

　オープン・イノベーションは，2003年にヘンリー・チェスブロウ（Henry

Chesbrough）によって提唱された。オープン・イノベーションとは，「企業内部と外部のアイデアを有機的に結合させ，価値を創造すること」とされている。日本企業の取引市場が，中間組織取引から市場取引へと移行することは，そのイノベーションのあり方も，かつての系列内・グループ内での深化型の結合から，オープンな市場での探索型の結合へと移行することを意味する。もちろん深化型の結合が存在価値を失うわけではないが，日本企業がオープン・イノベーションを指向せざるを得ない背景がそこにある。

　取引市場の変化はサプライチェーンに限られたことではない。資本市場，人材市場，そして消費市場においても，マーケットはオープン化している。株の持ち合いは解消され，雇用は流動化し，ネットを通して時間的・地理的な制約なく，あらゆるものが消費されていく。それはあらゆる情報がオープンに流通していることを意味している。知識や技術，組織や方式の結合においても，その情報はオープンに流通し，全く新しい組み合わせが次々と出会い試されていく。PRはオープンな市場での合意形成や関係構築に有効な活動といえる。知識や技術，組織や方式の新結合においてもPRの活用がその推進に寄与するといえる。

　企業経営において広報部門が担うPR活動の特徴は，個々のステークホルダーとの直接的な関係構築に加え，直接的ステークホルダーとの仲介を行う間接的ステークホルダーや，世論に影響力を持つインフルエンサーなどの第三者を活用し，オープンな情報の流通とオープンな議論により，包括的に相互理解と利害調整を進める点にある。いわゆるPRアプローチである。

　第三者視点の中での関係構築は，企業が市場に対して提供する情報に関してメディアやオピニオンリーダーなどのインフルエンサーが第三者認証を与え情報の評価に寄与すること，また，対象企業の専門性や先進性を広め，探索に係る費用や手間を軽減すること，間接的ステークホルダーやインフルエンサーが調査や取材を通してその企業の機会主義的行動を監視することといえる。すなわちPR活動が，企業とステークホルダー間の結合において，適切な情報収集，情報処理，情報伝達を可能にし，情報の非対称性や不確実性を軽減しているの

である。

　第三者であるマスメディアやインターネットメディアによる情報の非対称性
の軽減と機会主義的行動の監視は，本来であれば企業が負担している探索と監
視のコストを一部代替する行為といえる。言い換えれば，企業における取引コ
ストを外部費用化していると考えられる。新結合市場においてマスメディアや
インターネットメディアの情報取得と伝達が機能することは，結合に係る取引
コストを効率化することにつながる。

　実際，企業にとってはマスメディアやインターネットメディアをチェックす
ることにより，業界動向や新たな技術，研究，その主体となる企業の活動につ
いて容易に情報を探索することができる。また，自社の情報を広く知らしめ，
先方との交渉を有利に進めるためにも，マスメディアやインターネットメディ
アの活用は有効である。メディアにおいて紹介された自社の技術や研究は，新
しいアイデアを求める多くの企業の目に触れる。PRの有効性は，オープンな
市場での情報の非対称性の軽減効果にある（**図表7－3**）。

　一方で，情報の非対称性は企業の利益の源泉でもある。市場における情報格
差はある企業の競争優位を支えているのであるから，自社の技術や研究，アイ

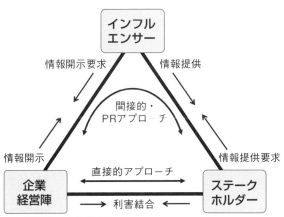

図表7－3　利害結合のアプローチ手法

出所：Freeman *et al.* ［2007］より筆者作成。

デアのすべてを公開するわけにはいかない。しかし，その技術や研究がそこにあることが認知されなければ新結合は生まれない。そこで前出の間接的ステークホルダーが活用される。新たなビジネスマッチングを仲介するアドバイザー，知財に詳しい弁護士やコンサルタント，さまざまな企業の戦略を後押しする金融機関やCVC（Corporate Venture Capital）などである。彼らはオープンになっていない情報を仲介し，知識や技術，組織や方式に関する新たな結合の橋渡し役となる。その場合においても，双方の企業の専門性や先進性の客観的な評価は必要であるから，やはりPR活動は重要であるといえる。問題は，自社内の重要な情報について，何を開示し何を開示しないかを戦略的に峻別することにある。

　こうして模索される新結合は，決して結合の当事者間だけのものではない。研究者や研究機関に限らず，多くの従業員や取引先が新結合の実現に関わることとなる。そしてその成果を受け入れるかどうかの最終判断は消費者が行う。知識や技術，組織や方式の結合には，多くのステークホルダーの利害が関わっている。そして株主・投資家にとっても，同時に利害関係の新結合が行われる。イノベーションに対する投資判断とは，新たな利害関係の結合に対する投資家の評価である。新たな企業同士が探索し合い，その知識や技術，組織や方式を評価し，その利害関係を結合したとき，そこには新たな評価が生まれる。その新結合が将来，社会にどれだけ貢献するのか，どの程度の便益を生み，どの程度のキャッシュフローを生み出すのか，そしてそのリスクはどの程度なのか。その新結合に関わるさまざまな利害関係者の利害や評価を集約しながら，投資家の期待収益率が形成されていく。資本コストである。イノベーションに対する投資家の評価を助けるのもまた，PRの役割である。

▶参考文献

Cutlip, S.M., Center, A.H. & G.M. Broom［2006］*Effective Public Relations, 9ᵗʰed*, Prentice-Hall.（日本広報学会監修［2008］『体系　パブリックリレーションズ』ピアソン・エデュケーション）

Freeman, R.E., Harrison, J. S. & A. C. Wicks［2007］*Managing for Stakeholders*: Survival, Reputation, Successs, Yale University Press.（中村瑞穂訳［2010］『利害関係者志向の経営』白桃書房）

Chesbrough, H. W.［2003］*Open Innovation: The New Imperative for Creating and Profiting from Technology*, Harvard Business School Press.（大前恵一朗訳［2004］『OPEN INNOVATION—ハーバード流イノベーション戦略のすべて』産業能率大学出版部）

Joseph A. Schumpeter.［1912］*Theorie der Wirtschaftlichen Entwicklung*（塩野谷祐一・中山伊知郎・東畑精一訳［1977］『経済発展の理論—企業者利潤・資本・信用・利子および景気の回転に関する一研究（上）（下）』岩波文庫）

第 3 部

多様なイノベーション

---第 **8** 章---

イノベーションと企業の研究開発

1 研究開発大国日本の課題

　標準化が世界規模で展開される現在，人々の営みに変化をもたらし，社会経済に影響を与える力の１つは「イノベーション」であるという一般的な了解が成立している。イノベーションを広義に解釈して，新しい製品・サービス・生

図表 8 − 1 研究開発投資の対GDP比の推移

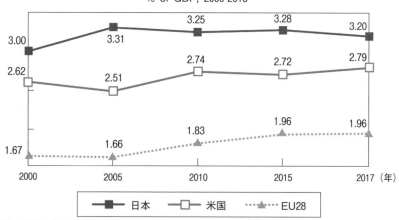

Gross domestic spending on R&D Total,
% of GDP, 2000-2018

出所：OECD［2019］"Gross domestic spending on R&D" をもとに筆者作成。

産方法の出現と普及に至る過程と捉えるとき，それがいかに考案され，開発され，商品化され，世の中に広く受け入れられるかは，企業のみならず社会全般の中心問題であろう。

　米国に次ぐ研究開発大国の日本は，第5期科学技術基本計画（2016年～2020年）において，政府・学会・産業界・国民が共に実行して「世界で最もイノベーションに適した国」を目指す。本計画は，官民合わせた研究開発投資をGDP（国内総生産）の4％以上に目標を定める。他方，日本と「科学技術協力協定」を結ぶ欧州連合（EU28）は3％以上を掲げ，米国も概ね同水準を目標とする。その指標の推移をOECD（経済協力開発機構）のデータベースで確認して，日米欧それぞれを**図表8－1**に描写する。

　三者ともに目標未達の状態が続いており，目標値の妥当性が問われるべきかもしれないが，本章は今や国家の大半を占める企業の研究開発活動に焦点を当て，近年のトレンドの把握を目的とする。平成30年の総務省「科学技術研究調査結果」によれば，日本の内部使用研究費19兆円のうち，企業部門は13.8兆円であり，全体の7割を超える。

　なお，予備的考察のために国際競争力とイノベーションの関係を念頭に置く

図表8－2 国際競争力指標のフレームワーク

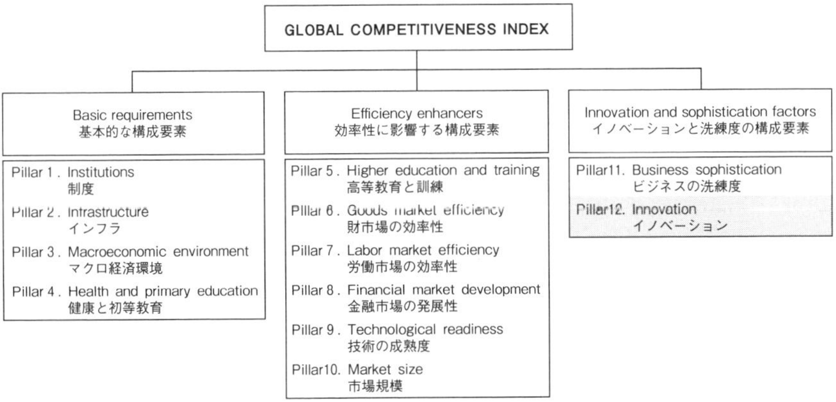

出所：WEF "The Global Competitiveness Report 2017－2018" p.12.

ことは意義がある。世界経済フォーラム（World Economic Forum: WEF）の国際競争力レポートにおいて国際競争力指標は以下の**図表8－2**に示す通り，イノベーションを含む12項目によって決定される。日本がイノベーションに適した国を目指すとき，さまざまな要素の相互関連性が考慮されねばならない。

　次に，近年の国際競争力レポートから国際競争力とイノベーションの世界ランクを確認して，**図表8－3**上段に日本（左）と米国（右）のランクを抽出する。この4年間で日本は国際競争力で6位から9位へ，イノベーションで4位から8位へ後退する一方，米国はそれぞれ2位へ上昇し，両指標の連動性と日本の相対的地位の低下が看取される。

　さらに，イノベーションの評点を構成するサブ項目（下段）に着眼すると，日本の課題が浮上する。これら6項目は，調査対象各国の企業経営者へのアンケート結果を反映し，日本は全項目でランクを落としている。とりわけ，日本が優位であった「12.03」と「12.06」の2項目については，直近の2年間で米国に逆転を許しており，詳細を精査する必要があろう。

　以上は，科学技術政策が一般に目標とする研究開発投資の対GDP比の単純な国際比較では測り知れない企業の研究開発動向[1]を示唆する。

図表8－3　**国際競争力とイノベーションの世界ランク（日本／米国）**

		2014-15	2015-16	2016-17	2017-18
Global Competitiveness Index		6/3	6/3	8/3	9/2
12th pillar: Innovation		4/5	5/4	8/4	8/2
12.01	Capacity for Innovation	7/2	14/2	21/2	21/2
12.02	Quality of Scientific research institutions	7/4	7/4	13/5	14/5
12.03	Company spending on R&D	2/4	2/3	4/2	5/2
12.04	University-industry collaboration in R&D	16/2	16/2	18/4	23/2
12.05	Government procurement of advanced technology products	21/8	14/8	16/11	23/2
12.06	Availability of scientists and engineers	3/5	3/5	3/2	8/2

出所：WEF "The Global Competitiveness Report" をもとに筆者作成。

2 / 研究開発費世界ランク上位企業のトレンド

　欧州連合は，中長期の政策立案に向けた情報収集・分析の一環として，研究開発費（以下，R&Dという）の世界ランク上位企業の動向を毎年更新する。世界ランク・企業名・国名・産業種・R&D・売上高・営業利益・設備投資額等々が「Industrial R&D Investment Scoreboard[2]（以下，IRIという）」にて公表される。各種定義は国際会計基準に，産業種はICB（Industrial Classification Benchmark）に準拠する。2017年度の上位2,500社のR&D合計は736.4（10億ユーロ）に達して，民間企業のR&D総額の9割以上を網羅する[3]。

　慣例的に，研究開発集約度（研究開発費の対売上高比率）を基準とする産業種の4分類[4]で全体像を見ておこう。2017年度は「High（5％以上）」が1,111社でR&D合計の54.1％，「Medium‐high（2〜5％）」が966社で36％，「Medium‐low（1〜2％）」が148社で3.6%，「Low（1％未満）」が275社で

図表8－4　10年間の変化（R&Dと研究開発集約度）

(the world 1,431 companies)	2017 (2008=100%) R&D (Billion Euro)	売上高	研究開発集約度 2008	2017
High	309	153.6%	154.0%	8.87%	8.85%
Medium-high	209	145.0%	133.8%	3.58%	3.88%
Medium-low	23	119.7%	112.8%	1.55%	1.64%
Low	23	125.4%	90.9%	0.44%	0.60%
TOTAL	564	147.3%	120.0%	3.25%	3.99%
Health industries	131	150.5%	149.7%	10.4%	10.4%
Automobiles & other transport	116	156.3%	154.3%	4.5%	4.6%
ICT producers	114	144.4%	135.6%	7.0%	7.4%
ICT services	76	184.5%	153.7%	5.0%	6.0%
Industrials	33	126.4%	104.4%	1.9%	2.3%
Aerospace & Defence	18	118.7%	127.5%	4.3%	4.1%

出所：IRI［2018］"Infographics" をもとに筆者作成。

6.3%を占めた。

　さらに，IRI［2018］"Infographics"で公開される「10 years performance
－World's top R&D investors」を参照して，直近10年間の変化を**図表8－4**
に整理する。

　まず，両年度の比較のために，2,500社中1,431社が選択された点に留意された
い。図表の上段が2017年度の4分類ごとのR&Dと売上高を表し，2008年度
を100％とした際の伸び率と各々の研究開発集約度を意味する。同期間で産業
全体の売上高は20％，R&Dは47％増加して，研究開発集約度は3.3％から4.0％
へと上昇した。図表の下段は，研究開発集約度の高い産業群を示し，ヘルス
（医薬・バイオ等）関連，自動車関連，ICT（情報通信技術）関連，産業機器，
航空防衛関連が含まれる。特に，ICT関連の動向が産業全体の研究開発集約度
の上昇に寄与したことが読み取れる。

　続けて，R&D上位10カ国の近年の変化を俯瞰する。**図表8－5**の凡例にて
R&Dのシェア順に国名を示し，括弧内の数字は上位2,500社にランクインした
企業数を表す。例えば，日本は2017年度で339社が入り，企業数の減少ととも
にシェアは13.6％へと落としながらも第2位の座を維持する。一方の米国は，
同じく企業数を減らしながらシェアを37.2％へ上昇させて，第1位の座を堅守
する。特筆すべきは，中国の躍進であろう。同国の企業数は438社と日本を追

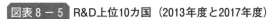

図表8－5　R&D上位10カ国（2013年度と2017年度）

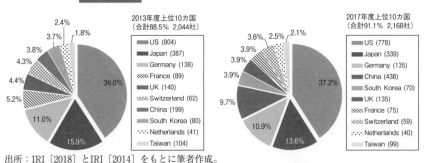

出所：IRI［2018］とIRI［2014］をもとに筆者作成。

い抜き，シェアを3.8％から9.7％と大幅に伸ばして第3位のドイツに迫る勢い
を見せている。

3 研究開発費上位150社の日米欧比較

　以上の概観からイノベーションに向けたインプットの側面で日本の相対的地
位の低下を明らかとした。本節は，IRIから産業を限定して日米欧のR&D上位
150社に対象を絞り，10年間のパフォーマンスを確認する。研究開発集約度に
加えて，イノベーションの成果の一部と見なされる企業の利益率（営業利益の
対売上高比率）の変化に注目する。

　従来，研究開発集約度は，企業レベルもしくは産業レベルにおける革新的活
動の活発度の代理変数として扱われてきた。しかし，一国レベルの全体像を捉
える場合，売上高が巨大でR&Dが相対的に小さい企業もカウントされる点に
注意が必要である。図表8－1を振り返れば，日本は研究開発集約度が最も高
いため，米国以上に研究開発活動が活発であるといった誤解が生じやすい。

　本来，研究開発集約度の国際比較は，産業レベルが望ましいが，サンプル数
が少ないために企業レベルの問題に陥る恐れがある。そこで本節は，図表8－
4の下段に記した研究開発集約度の高い産業を「一群」[5]として，この範疇の
上位150社を日米および欧州連合で選択する。各地域150社のR&D・売上高・
営業利益を合算して，2008年度と2017年度の研究開発集約度と利益率を**図表8
－6**に総括する[6]。

図表8－6　R&D上位150社の日米欧比較

	R&D（Billion Euro）		研究開発集約度		利益率	
	2008	2017	2008	2017	2008	2017
日本150社	82	85	4.7%	4.6%	6.9%	8.2%
米国150社	129	219	7.3%	8.8%	9.7%	16.2%
EU150社	97	152	6.4%	6.7%	6.0%	9.6%

出所：IRI［2018］とIRI［2009］をもとに筆者作成。

　明白にも，日本の研究開発集約度は変わらず，利益率は若干の改善を見せる一方で米国と欧州連合は研究開発集約度を上げ，利益率を大幅に向上させている。売上高に着目すれば，10年間で米国は40％，欧州連合は48％増大しながら日本は6％の伸びにとどまる。

　この日本の低調は，企業の低成長率・低利益率がR&Dの抑制力として働くためか，またその逆の因果も考えられよう。ただし，先に述べた国際競争力指標が暗示するように，その背景に国家の諸制度や市場環境を含むさまざまな要素が関与しているはずである。最後に，日本が米国に抜かれたもう一点，科学技術人材の側面について言及せねばならない。

4／ 人口オーナス期の展望

　天然資源に乏しい日本の人口減少が本格化する今，「人口オーナス」[7]対策は広範な分野において深刻度を増している。日本政府の統合イノベーション戦略推進会議は平成最後の年，人工知能技術を活用できる人材を年間25万人育成する目標を掲げた。再びOECDのデータベースから企業の研究者数の推移を確認して，**図表8－7**に素描する。

　ここで，日本企業の内部使用研究費の内訳を改めて見直すと，既出の13.8兆円のうち40％が人件費であり，原材料費（16％）と有形固定資産購入費（7％）よりも大きな割合を占めることが判明する。日本企業の一定のR&Dと一定の研究者数は，密接な相関を示すと同時に，日米格差が拡大する近年のトレンドを鮮明に説明する。

　今後，日本企業はいかに針路を修正するであろうか。人口減少の下で国内の知的資源（人的資源を含む）が有限であるとすれば，「量」よりも「質」を高めるための投資が期待されよう。もしくは，すでに観察される通り，国外から知的資源を獲得する必要性が一段と増すかもしれない。一方で，最先端技術の変化（人工知能技術，自動運転技術，遺伝子操作技術などを含む）とともに，中長期的には世界規模の産業再編が想定される。

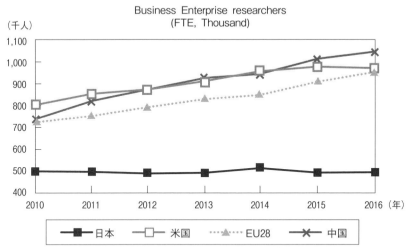

図表8－7 企業の研究者数（フルタイム，千人）

出所：OECD "Main Science and Technology Indicators" をもとに筆者作成。

　必然として，知的資源の争奪戦は過熱するであろうし，国内外を問わず企業の統廃合は加速するであろう。この際，企業と個人の双方にとって一層に重要なことは，知的資源の統廃合は，組織の変容を伴い，したがって不断の学習が求められるという認識である。旧来の階層，意思決定方法，諸制度が見直され，企業の組織構造とコスト構造が変化する可能性がある。

　さらに言えば，知的資源の希少性の高まりにつれて，多様性を積極的に受け入れ，活用し，保持する能力は，イノベーションを志向する組織にとって最重要課題と思われる。以上は研究開発分野に限らないことを強調しておきたい。周知のごとく，イノベーションとその成果において，研究開発活動の多寡と巧拙は１つの要素に過ぎない。

▶注
1公的機関とOECDのデータベースは国内の活動に対象を限定する場合がある。日本

の総務省による「科学技術研究調査結果」は法人単体分を集計するため企業（連結）の研究開発費総額が網羅されない点に注意されたい。

2 スコアボードは欧州連合の「Industrial Research and Innovation Monitoring and Analysis activities」の一環として各社のアニュアル・レポートとBureau van Dijk Electronic Publishing GmbHをもとに作成される。本章における2017年度はIRI［2018］「The 2018 EU Industrial R&D Investment Scoreboard」を参照する。

3 IRI［2018］Annex1 Background Informationに詳しい。

4 IRI［2018］Table1－3を参照。

5 2017年度は以下の11種を選択した。括弧内は2008年度の産業種番号である。
「Aerospace & Defence（271），Automobiles & Parts（335），Chemicals（135），Electronic & Electrical Equipment（2733・2737・9574・9576），General Industrials（272），Health Care Equipment & Services（453），Industrial Engineering（2753・2757），Leisure Goods（374），Pharmaceuticals & Biotechnology（4573・4577），Software & Computer Services（9533・9536・9537），Technology Hardware & Equipment（9572・9578）」

6 研究開発集約度の国際比較に関心のある読者は，IRI（2018）Chapter3.3で解説される分解モデルの手法も参考にされたい。

7 一般に，総人口に対する生産年齢人口の割合が持続的に低下することで生じる社会経済への負担や重荷を指す。

▶参考文献

European Commission, Industrial R&D Investment Scoreboard（IRI）:
http://iri.jrc.ec.europa.eu/scoreboard.html
http://iri.jrc.ec.europa.eu/scoreboard18.html#modal-info2
（2019年4月10日現在）

OECD［2019］Gross domestic spending on R&D（indicator），
doi: 10.1787/d8b068b4-en
https://data.oecd.org/rd/gross-domestic-spending-on-r-d.htm
（2019年4月20日現在）

OECD, Main Science and Technology Indicators, Business Enterprise researchers（FTE）:
https://stats.oecd.org/Index.aspx?DataSetCode=MSTI_PUB
（2019年4月17日現在）

World Economic Forum, The Global Competitiveness Report:
http://www.weforum.org/reports/the-global-competitiveness-report-2017-2018
（2019年4月5日現在）

総務省 科学技術研究調査結果（平成30年調査結果）:
http://www.stat.go.jp/data/kagaku/kekka/index.html
（2019年4月5日現在）

第 9 章

第1次産業のイノベーションと戦略的意義

1 第1次産業の新たな課題

　序章において示されたように，あらゆる産業は分業の利益を享受してきたといっても過言ではない。第2次産業に位置づけられる製造業，第3次産業におけるサービス業・小売業については，まさにこの分業の利益を享受してきたといえるであろう。農業，林業，漁業といった第1次産業においても同様である。地球環境問題，エネルギー問題，資源問題などといったさまざまな課題に対して，この第1次産業は密接に関係することから，近年，注目を浴びてきている。単なる食料や原材料の枠を超え，その可能性とさらなる強さを見出す努力をしていかなければならない機会が来ているといえる。

(1) 第1次産業の近年の動向

　まずは**図表9−1**を参照してみよう。この図表9−1は，第1次産業である農業（農産物），林業（林産物），漁業（水産物）の15年間の輸出額を示したものである。やや浮き沈みがあるものの，これらは，年々増加していることが理解できる。この状況は，国際的に見ても我が国の第1次産業の産出物に市場性があることがわかるであろう。

　農林水産物の輸出の状況は，近年5年間は急激に増加している状況にある。この推移を見る限り，我が国の農林水産物は国際的に受け入れられ，競争力が

図表9−1　日本の農林水産物輸出額の推移

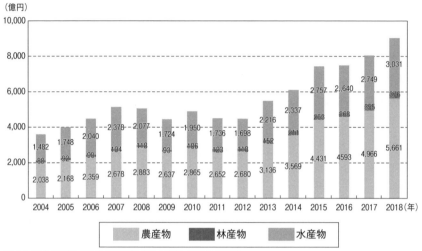

出所：農林水産省「農林水産物輸出入概況」より筆者作成。

上昇していることがわかる。しかしながら，就業者数を見てみるとどうであろ
うか。農業は2010年から2018年で▲39.4％，林業は2010年から2015年で▲7.2％，
漁業は2010年から2018年で▲27.8％であった（農林水産省［2019年6月参照］）。
いずれにしてもこれら第1次産業における就業者数は，年々，減少化傾向にあ
ることは明確である。冒頭でも述べたように，地球環境問題などをはじめ，さ
まざまな課題に対して密接に関係し有用性の高い，第1次産業について，現在
の状況をさらに強くしていくことを検討してみることにする。

(2) 新たな社会コンセプトの到来

　第1次産業を増強していく必要性と新たな考え方は，社会コンセプト
「Society5.0（創造社会）」にみられる。**図表9−2**を参照すると，人類社会に
おいて，狩猟社会，農耕社会，工業社会，情報社会に続く第5段階の新たな社
会コンセプトがSociety5.0である。ここでいうSociety5.0は，同じ産業分野での
データ共有を行うだけではなく異分野と共有することによって，課題の解決へ

図表9－2 Society5.0の社会

出所：日本経済団体連合会編［2019］，19頁，図Society5.0の社会より筆者作成。

取り組み，新しい価値を創造していく社会のコンセプトことである（経団連編
［2019］19頁）。

　Society3.0以降に位置づけられる第2次産業，第3次産業では，新たな技術
やシステムなどを積極的に取り入れて成長している。では，Society1.0，
Society2.0に位置づけられる第1次産業はどうであろうか。今以上に増強や成
長をしていく必要性から，Society5.0へ向けてどのように考えていけばよいの
であろうかという疑問を抱くことになる。

2／第1次産業における概念の差異

　ここで，第1次産業における現在の取り組み方について検討してみよう。も
ちろん第1次産業はさらなる成長の必要性を受け止め，数々の事例を挙げれば
枚挙に暇がないほど，各産業内で努力を重ねていることは理解できる。しかし
ながら，イノベーションという視点から検討してみると，あくまで同一産業内
に限定されたイノベーションを想定しているといえる。これは境界や壁のある
産業という枠組みの中でのイノベーションであり，産業内外の協同で起こるイ
ノベーションであるとはいいがたい。同時に，第1次産業の成果としての生産
物は品質が問われるため均質性が重要視される。この均質性は，生産物を生産
するための競争と学習の概念について，大きく影響を与えてきたことはいうま
でもない。むしろ，競争と学習があくまで同一産業内の均質性という側面を重

要視する。そのため，創造社会へ向けて，現在よりもさらに強くする必要性が
ある第1次産業において，以上の3つの視点を検討していく必要があろう。

(1) イノベーション概念の差異

　第1次産業において捉えているイノベーション概念はどのようなものであろ
うか。それはまさに企業や産業といった内部で発展させるイノベーションであ
り，持続的変化におけるイノベーションである。ある産業において市場が形成
され，競争が始まると製品やサービスの性能や品質を高める競争を始める（當
間編著［2018］，97-101頁）。この競争は，既存の顧客へ生産物を提供すること
を前提として競争が行われる。このように，製品の性能や品質を高めるイノ
ベーションであると考えられることから，持続的イノベーション（sustaining
innovation）であるといえる。

　しかしながら，創造社会において，また経営環境が変化する中で，第1次産
業をさらに強くしていくためには，別の概念でのイノベーションとして捉える
必要がある。それは持続的イノベーションと対局的な位置づけにある破壊的イ
ノベーション（disruptive innovation）の概念である。この破壊的イノベー
ションには2つがあり，ローエンド型破壊的イノベーション（low end
disruptive innovation）と新市場型破壊的イノベーション（new market
disruptive innovation）に分けられるがこれが合わさった状態で，破壊的イノ
ベーションが起きるといわれている。当初は従来の製品に比べて性能等がやや
劣るようにみえるが，一部の持続的イノベーションによって一般的に受け入れ
られた市場に参入することが可能となる。新しい製品は，持続的イノベーショ
ンによる時間の経過とともに質的に既存の顧客の求める製品に取って代わるこ
とになっていく。これが繰り返されることで，やがて新たな市場へも参入し浸
透していくことになる。

　このように，創造社会へ向けた形でのイノベーションの概念は，持続的イノ
ベーションで捉えるよりも，むしろ破壊的イノベーションの概念で捉えていく
必要がある。

(2) 競争概念の差異

イノベーションの概念は競争概念とも関係してくる。1つ目には，競争という名のコンペティション（competition）の概念であり，そして2つ目には，競争という名のエミュレーション（emulation）の概念である（井上・名和田・桂木［1992］，15-21頁）。

この2つの競争概念のうち，一般的に用いられている競争の概念は，1つ目のコンペティションという競争概念であろう。この競争概念は，競合する他者との関係を指す概念である。ところが，第1次産業で用いられている競争の概念は，どうであろうか。実は，2つ目のエミュレーションなのである。このエミュレーションというこの競争概念は，その都度与えられてきた同じ目標や範型に向かって，適用される競争概念である。このような競争をエミュレーションといい，これはもともと模倣する，まねるという意味の用語に由来する。第1次産業に属する農林漁業の生産物は均質性を重要視するために，目標とされる品質をいかに達成するかが重要視される。そのため，このエミュレーションという概念が，第1次産業で用いられる競争の概念であり，他の生産者と競争する概念ではないのである。

以上のことから，第1次産業は，その成長を考える際に，他の競合する企業や国との競争を意味する概念で検討しなければならないといえるであろう。これがまさに創造社会へ向けた競争の概念であるといえるのである。

(3) 学習概念の差異

第1次産業において，競争概念が均質化を重んじるエミュレーションであるなら，質を高めるための学習方法についても検討しておく必要があろう。この学習という概念については，産業内の，いわば経営組織の内部で行われる学習の概念を指していることから，ここで組織学習の過程を取り上げ，検討することにしてみる。それは，シングル・ループ学習（single-loop learning）とダブル・ループ学習（double-loop learning）の2つである。

　図表9−3を参照してほしい。この図表9−3の中のシングル・ループ学習の概念とは，所与の目標や条件の下で既存の行動様式を維持しながら，行動が修正されていくプロセスの状態を指している。所与の目標に従って，これを基準として行動する。そして，フィードバックとして結果を得る。これを繰り返し行っていく一連のプロセスが，シングル・ループ学習である。一方，ダブル・ループ学習の概念とは，前提となる目標それ自体を修正することによって，既存の行動様式に対して変化をもたらす。既存の枠組みを捨て去ることによって，新しい目標や行動の枠組みを再検討することにまで行動が及ぶことを意味する。このプロセスがダブル・ループ学習である。

　第1次産業に相当する学習は均質性を重んじることから，与えられた目標にいかに近づけていくかが学習の課題となる。そのため，シングル・ループ学習の概念である。しかしながら，第1次産業の今以上の増強を考えた場合，ダブル・ループ学習プロセスへと移していくことが必要であると考えられる。

　これまで，述べてきたように，イノベーションの概念についても，競争の概念と努力の方向性としての学習の概念についても検討する必要があるといえる。これは，まさに産業の枠と境界に固執している証であり，他産業を利用する行動ではないと考えられる。これらの3つの概念が，第1次産業内に限定されるという規制が1つの阻害要因となって立ちはだかっていては，さらなる増強や進歩が見込めない。もちろん，イノベーション，競争そして学習という概念が，

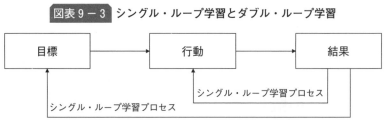

図表9−3 シングル・ループ学習とダブル・ループ学習

出所：慶應戦略経営研究グループ［2002］，98頁の図表8−1と99頁の図表8−2をもとに筆者作成。

それぞれ持続的イノベーション，エミュレーションそしてシングル・ループ学習プロセスを除外するのではない。第 1 次産業を経営していくためには，均質性という水準を達成することが必要である。むしろ，これを達成したうえで，創造性を重んじる社会の到来は，さらなる概念が必要となるということである。このように概念の捉え方を変えていくことで，第 1 次産業がもっとより強くなる可能性があると考えられる。

3 第 1 次産業の成長の考え方

　これまで検討してきたように，創造社会へ向けた第 1 次産業の増強は，概念的な視点の変更を行っていくことで，さらなる成長へ向けた展開という方向性が可能であると考えられる。もちろん，第 1 産業の農林漁業で育んできた技術を活かす方向で考えていかねばならない。ここで第 1 次産業における農業を題材にとり，考え方としての 1 つの事例を示してみよう。

　まず**図表 9 - 4**を参照してほしい。この図表 9 - 4 は，イノベーションの変革力マップを用い，農業の産出物で同等の生産物を産み出す性能を持った生産主体を当てはめて検討してみた。もちろん，ここでは農業か否かについての枠組みを議論することではない。あくまで創造社会に向けて，1 次産業における考え方の事例を示すことが目的であることを述べておく。

　さて，図表 9 - 4 の縦軸は市場と当事者のつながりである。この軸は，既存のつながりの破壊，新たなつながりの創出および既存のつながりの維持，増強に分けられる。横軸は，技術と製品である。この軸は，既存能力の維持，増強および既存能力の破壊，陳腐化に分けられる。

　これらの交錯するセルの中に，農業分野で想定される主体をそれぞれ位置づけてみた。それが，通常型イノベーション（小農＋農協），市場創出イノベーション（独立独歩の農業），産業構造イノベーション（植物工場），革命的イノベーション（融合としての農業）である。

　通常型イノベーションのセルに位置づけられる主体は，いわゆる従来型の農

図表9－4　**イノベーションの変革力マップと創造性社会における農業の考え方**

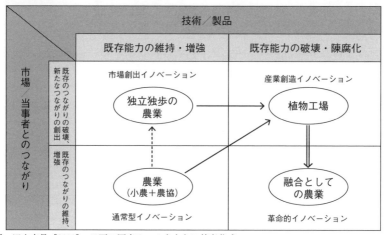

出所：田中克昌［2019］，40頁の図表2－4をもとに筆者作成。

業である。農業は，一見すると農業という主体であるかのように見えるが，実は，土地を所有して生産活動を行う小農（個別農家）と生産（質と量など）目標と流通活動を行う農業協同組合（以下，農協という）と協同体制のもとで成り立っている経営形態である（持田［1995］，143-144頁）。

　市場創出イノベーションのセルに位置づけられる主体は，従来型の農業において，協同体制をとってきた農協との関係をアンバンドリングした主体が位置づけられる。生産から販売までを独立独歩で手掛ける主体で，私企業としての農業経営の経営形態である。

　産業構造イノベーションのセルに位置づけられる主体は，市場も技術も異なる植物工場（plant factory）である。この植物工場は，野菜などを工場内もしくは施設内で生産できる能力を持ったものであり，生産工場という観点からすれば，第1次産業ではなく製造業という第2次産業に位置づけられる経営形態である（当間［2014］，63-77頁）。

　革命的イノベーションのセルに位置づけられる主体は，他の3つの経営形態をとる主体を融合した主体となる。

　以上，第1次産業の1つの事例として農業を取り上げ，その考え方をイノベーションの変革力マップに位置づけて検討してみた。このような融合した状況が，まさに第1次産業をさらに強くする発展形態として，新しい創造社会へ向けた産業のあり方であろう。

4 / 創造社会における第1次産業

　第1次産業において，IoT（Internet of Things：IoT）化やAI（Artificial Intelligence：AI）化が盛んに議論されているが，産業それ自体のイノベーションのあり方についてまだまだ検討する必要性がある。第1次産業は，現段階では，まだまだ均質化や規制といった枠組みを色濃く残しており，新たな試みや着手に歯止めがかかる状況であるかのように思えなくもない。さらなる増強を重要とする創造性社会は，現在の状況において相応しい能力をうまく見出せてはいないように思える。まさに，新規事業を創造するうえで，最大の障害は社会の価値規範である（亀川・青渕［2009］，10-11頁）と指摘されているように，第1次産業が他産業の影響を受けにくい，むしろ保護された経営環境となっている。このような第1次産業は，もっと，より他産業の新しい技術やシステムなどを取り入れ，さらに強くしていきながら新たな価値を創造する必要性がある。我が国の第1次産業はまだまだ競争力を備えることが可能であるといえよう。

　Society（創造社会）がまさに来ている。第1次産業の増強と進化が，この新たな創造社会では必要であろう。経済学におけるパレート効率（Pareto Efficiency）やスピルオーバー（Spillover Effort）のような概念は，他産業と異なるという境界を強調し，あたかも価格に反映されにくい残差の無用化を強調した。もちろん，現象を説明し理論化するうえでは必要な作業である。価格の下落に影響を与えるという理由をとってみても生産過剰を強く制限する。他産業や他企業との境界を明確にすることによって自らを確立しようとする。自産業あるいは自企業で確立していく自己完結型の試みである。しかしながら，

これらがSociety5.0においてはむしろ阻害する要因になる。

　経営学分野の経営戦略的意義としてビジネス・デザインの視点からみるとどうであろうか。まさに創造社会（Society5.0）において，産業においても企業においても阻害要因にこだわることなく，産業内外における技術やシステムを積極的に取り入れこれを融合することが，第1次産業のより強い競争力を構築するキーとなる。第1次産業における農業・林業・漁業の産出物の残差が多く出たとしても，単なる最終消費者への商品としての価値だけではない。産出された残差は，他産業におけるインプットとしての価値がある。すなわちそれは原材料としての資源という価値である。林業の産出物において，単なる木材加工品としてのみならず，燃料や食品の原料としても価値がある。漁業の産出物にしてもその加工品としてのみならず，魚醤のような製品も生産できる。特に農業の産出物においては，食料加工品としてのみならず，原材料としての有用価値は非常に高いといえる。燃料としてのバイオエタノール，工業製品としてのプラスチック，繊維を利用した衣類など，さまざまな製品として原材料として有用価値が高いことは明白であろう。

▶参考文献

日立東大ラボ［2018］『Society5.0―人間中心の超スマート社会』日本経済新聞出版社。
井上達夫・名和田是彦・桂木隆夫［1992］『共生への冒険』毎日新聞社。
石黒憲彦［2003］『産業再生への戦略―現状・政策・関連法制度』東洋経済新報社。
一般社団法人日本経済団体連合会編［2019］『月刊経団連』2019年3月号，一般社団法人経団連事業サービス。
亀川雅人［2006］『資本と知識と経営者―虚像から現実へ』創成社新書。
亀川雅人編著［2007］『企業価値創造の経営』学文社。
亀川雅人・庄司貴行編著［2006］『ビジネスクリエーターとビジネス・デザイン』創成社。
亀川雅人・青淵正幸編著［2009］『創造的破壊―企業価値の阻害要因』学文社。
亀川雅人［2015］『ガバナンスと利潤の経済学―利潤至上主義とは何か』創成社。
亀川雅人［2018］『株式会社の資本論―成長と格差の仕組み』中央経済社。
慶應戦略経営研究グループ［2002］『「組織力」の経営―日本のマネジメントは有効か』中央経済社。

持田恵三［1996］『世界経済と農業問題〈和光経済研究叢書・6〉』和光大学社会経済研究所。

沼上幹［2009］『経営戦略の思考法―時間展開・相互作用・ダイナミクス』日本経済新聞出版社。

農林水産省「農林水産物輸出入概況」
http://www.maff.go.jp/j/tokei/kouhyou/kokusai/houkoku_gaikyou.html
（2019年6月現在）

田中克昌［2019］『戦略的イノベーション・マネジメント』中央経済社。

當間勝正・倉方雅行・当間政義［2013］「植物工場の機能とビジネスの可能性に関する一考察 ―住宅メーカーの付加価値創造とデザイン性に着目して―」『和光経済』第45巻・第2号，和光大学社会経済研究所，13-31頁

当間政義［2014］「植物工場のビジネス化に関する調査」，『東西南北　2013年度』和光大学総合文化研究所，63-77頁。

當間政義編著，池田玲子・仁平晶文・水野清文・藤木善夫・清水健太・文載皓・東俊之・Phung Dinh Trong［2018］『マネジメントの基礎―企業と地域のマネジメント考』五絃舎。

第10章 地域企業の知識創造からグローバル企業へ

1 イノベーションが経済発展を推進する

　イノベーションは，われわれの生活に豊かさを与える経済発展の推進力になっている。その概念はオーストリア出身の経済学者シュンペーター（Schumpeter［1926］）に拠るところが多い。従来の製品，生産方式，販売先，仕入先などを新しいものに変化させ，新しい組織の実現などにより，経済が変化することを意味する。このような活動の多くは企業が行ってきたものであり，とりわけ大企業が注目されてきたが，最近，成果が限定的なものとなっている。

　一方，中小企業は企業数が圧倒的に多く（約99.7%），特に地域に立地する企業間でのイノベーションに期待したい。中小企業は企業規模が小さいために一般的に経営資源は限られている。『中小企業白書（2015年版）』では「小規模の壁」と表現されている。しかし優位性もあり，特定分野での優れた技術，経営者の企業家精神，意思決定の速さなどがある。複数の中小企業の知恵を合わせて知識創造が起きればイノベーションにつながる。

　本章では，中小企業に焦点を当てて，地域企業間の協力による知識創造，グローバル化（貿易，直接投資）の状況を紹介する。さらにボーン・グローバル企業の出現について紹介をする。

2 中小企業の状況

(1) 中小企業の定義

　日本での定義は中小企業基本法による（**図表10－1**）。米国やEU諸国と日本では定義に差はあるが，一般に使われている中小企業という呼称を本章では採用する。米国で最も一般的に受け入れられている小企業の定義は，「従業員が500人未満の企業」[1]である。EU諸国は従業員が250人未満を小企業[2]としている。

　中小企業は，図表10－1の通り規模で定義されており，その特性を示すもの

図表10－1　中小企業と小規模企業者の定義（企業数・従業員数）

業種	中小企業		うち小規模事業者
	資本金 または 従業員		従業員
製造業その他	3億円以下	300人以下	20人以下
卸売業	1億円以下	100人以下	5人以下
サービス業	5,000万円以下	100人以下	5人以下
小売業	5,000万円以下	50人以下	5人以下

	企業数	従業者数
大企業	1.1万者	1,433万人
中小企業	380.9万者	3,361万人
うち小規模事業者	325.2万者	1,127万人

資料：中小企業基本法第2条第1項。
注1：上記の業種分類は，日本標準産業分類（平成26年4月 第13回改訂）による。
注2：上記の定義は，中小企業政策における基本的な政策対象の範囲を定めた「原則」であり，法律や制度によって「中小企業」として扱われる範囲が異なることがある。
注3：中小企業関連立法においては，政令によりゴム製品製造業（一部を除く）は，資本金3億円以下または従業員900人以下，旅館業は，資本金5千万円以下または従業員200人以下，ソフトウエア業・情報処理サービス業は，資本金3億円以下または従業員300人以下を中小企業とする場合がある。
注4：多くの補助金・助成金にて「みなし大企業」として大企業と密接な関係を有する企業が対象から外れる場合がある。
注5：法人税法における中小企業軽減税率の適用範囲は，資本1億円以下の企業が対象である。
注6：商工会および商工会議所による小規模事業者の支援に関する法律（小規模事業者支援法），中小企業信用保険法，小規模企業共済法の3法においては，政令により宿泊業および娯楽業を営む従業員20人以下の事業者を小規模企業としている。
出所：中小企業庁Webサイトより筆者作成。

ではない。一方，スタートアップ（startup）企業（もしくはベンチャー企業）[3]
は，今までにないイノベーションを通じ，人々の生活と世の中を変えることを
主眼としており目標が収益性と成長であり，イノベーションを目指す戦略的な
活動が特徴といえる。

（2）日本経済における位置づけについて

　日本では大企業が注目されがちであるが，図表10－1と図表10－2に示した
とおり中小企業が企業数では大多数を占めており日本経済を中小企業が支えて
いるといって過言ではない。このような状況は，米国などの先進工業国におい
ても，同様である[4]。なお，中小企業の数は減少傾向にある。
　日本では，中小企業数はバブル経済の崩壊を迎えた1992年以降は廃業件数が
増加して起業数は低下の傾向にあった。開業率と廃業率の国際比較を図表10－
3に示す[5]。

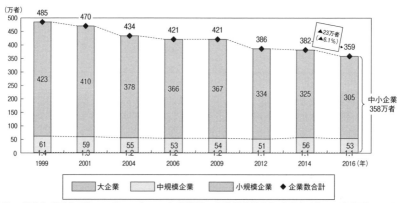

図表10－2　規模別企業数の推移

資料：総務省「平成11年，13年，16年，18年事業所・企業統計調査」，「平成21年，26年経済センサス
　　　－ 基礎調査」，総務省・経済産業省「平成24年，28年経済センサス － 活動調査」再編加工
注1：企業数＝会社数＋個人事業者数とする。
注2：経済センサスでは，商業・法人登記等の行政記録を活用して，事業所・企業の捕捉範囲を拡大
　　　しており，本社等の事業主が支所等の情報も一括して報告する本社等一括調査を実施している
　　　ため，「事業所・企業統計調査」による結果と単純に比較することは適切ではない。
出所：『中小企業白書 2019年版』，25頁，第1-2-1図。

図表10−3　開廃業率の国際比較

(1) 開業率

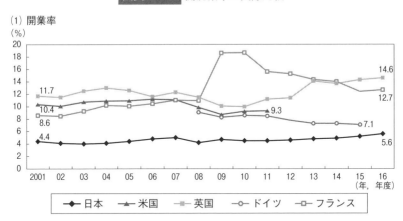

(2) 廃業率

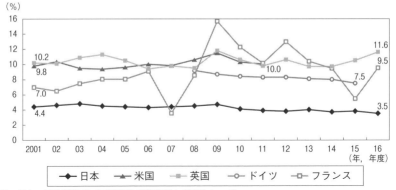

資料：日本：厚生労働省「雇用保険事業年報」（年度ベース）。
米国：U.S. Small Business Administration「The Small Business Economy」。
英国：Office for National Statistics「Business Demography」。
ドイツ：Statistisches Bundesamt「Unternehmensgründungen, -schließungen: Deutschland, Jahre,
　　　　Rechtsform, Wirtschaftszweige」。
フランス：INSEE「Taux de création d'entreprises」。
注１：日本の開廃業率は，保険関係が成立している事業所（適用事業所）の成立・消滅をもとに算出
　　　している。
注２：米国の開廃業率は，雇用主（employer）の発生・消滅をもとに算出している。
注３：英国の開廃業率は，VAT（付加価値税）およびPAYE（源泉所得税）登録企業数をもとに算出
　　　している。
注４：ドイツの開廃業率は，開業・廃業届を提出した企業数をもとに算出している。
注５：フランスの開業率は，企業・事業所目録（SIRENRE）へのデータベースに登録・抹消された起
　　　業数をもとに算出している。
注６：国によって統計の性質が異なるため，単純に比較することはできない。
出所：『中小企業白書 2018年版』，33頁，第1-2-6図。

　一方，震災復興・人口減少などの課題に向き合い，事業モデルを転換して躍進する企業もある。起業家精神（アントレプレナーシップ）は，日本でも関心が高く，シュンペーター（Schumpeter）が起業家精神を「創造的破壊（creative destruction）」と形容したとおりである。世界の多くの国でスタートアップ企業は自由市場経済を成功に導く手段であると考えられている。

　米国，英国，ドイツ，フランスと比べて，日本は開業率と廃業率が低い（図表10-3）。日本はアントレプレナーシップが育つのは難しい状況にあるが，この状態は変化しつつある。日本で，倒産を起こした経営者に対して社会的不名誉だとする考え方が根強く残っている。既存の中小企業においてもこのような状況は同様である。成功する企業の影で，毎年，多くの企業が挫折しており，スタートアップ企業の場合，経験則として「ある年に設立した企業の半分は5年後には活動していない」とも言われる。このようなことから，日本では，2000年代初頭以降の政府の産業政策においては，スタートアップ企業向けの支援策と既存の中小企業に対する支援策の2本立てとなっている。

3／地域企業間の協力による知識創造

　イノベーションのうち新製品を例にとると，従来は大企業が優秀な研究者や技術者を総合研究所などに多数抱えて自社開発で成功してきたといえる。ところが，最近の日本の大企業によるイノベーションは，研究開発投資が高いレベルにあるにもかかわらず大きな効果（収益性など）を出してはおらず，企業規模で収益性を比較しても規模が大きければ成果があるというわけでもない。新興経済圏の諸国の経済発展の影響もあって，大きな壁にぶつかっているといえる。

　企業では，対応策として，外部の力を活用したり，自社で使っていない特許などを他社に使用させたりすることで，革新的なビジネスモデルなどを生み出し利益を得る考え方を導入しようとしている。これはオープン・イノベーション（Open Innovation）と呼ばれ，米国などでは成果が出てきており，日本の

図表10−4 地域の企業間協力によるイノベーション：4つの要因

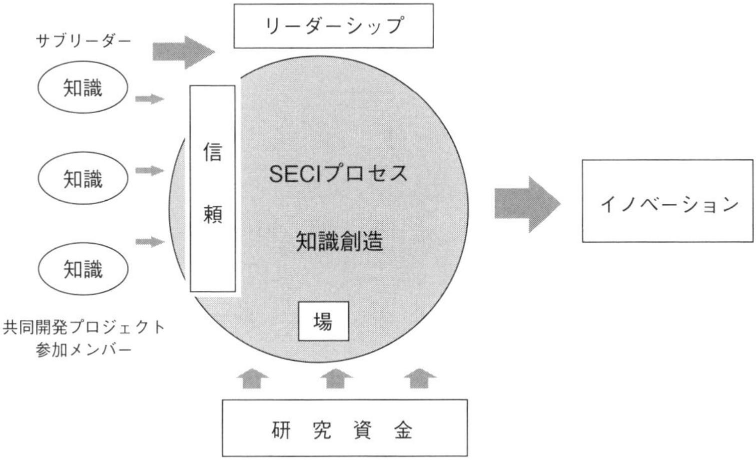

出所：高垣［2017］，135頁，図8-1。

大企業も取り組みつつある。地域のイノベーションモデルは，活力に満ちている中小企業が多く存在しているところから起こると考えられる。

　首都圏は地場産業とともに機械・電気・電子関連等々の企業群が多く集積しており，活力に満ちている中小企業が多く存在しています。大消費地との隣接地域であることから消費者のニーズを把握しやすい地域でもある。首都圏で実施した調査（高垣［2017］）では，企業間協力のネットワーク形成には，場（place），信頼（trust），投資資金（investment fund），リーダーシップ（leadership）の4項目が成功要因の候補となることがわかっている。**図表10−4**にその概念を図示した。隣接地域の企業間の相互協力によって知識創造が起き，イノベーションによって地域経済が発展することが期待される。

　なお，上記の4項目は，地域の企業間だけでなく，大企業が参加した相互協力，そして国際間でも適用される可能性を含んでいる。

4／ イノベーションとしてのグローバルビジネス

（1）国際ビジネスとイノベーション

　企業の販売先，仕入先などの変更にかかわる事柄は，シュンペーター（Schumpeter）によるイノベーションの議論の対象そのものである。

　販路開拓を考えるときに，外国市場に参入する際に最適な方法を，いくつかの選択肢から選ぶ。その選択肢は輸出，対外直接投資（FDI），さらにライセンスやフランチャイズ契約などさまざまである。企業のビジネスの活動は，従来，貿易論，産業組織論，経営学等々の分野から研究されてきた。現在は，国際経営論や多国籍企業論として統合されつつあるが，国際ビジネスをイノベーションの対象として分析する視点が必要と考えられる。企業の外国市場への参入に関わる分析上のフレームワークとして，ダニング（Dunning［1973］）の「OLIパラダイム」が一般的であり（高垣［2019］，43頁），以下に紹介する。

　OLIパラダイムは所有特殊的要素（O：Ownership specific advantage），立地特殊的要素（L: Location specific advantage），内部化インセンティブ（I: Internalization）の3つの要素により成り立っている。どのような企業が，どの国に，どのような方法で参入するのかという問いかけに答えるものといえる。

　所有特殊的要素とは，企業が技術や知識，ノウハウ，製品差別化能力などの「無形資産」を保有することにより現地の競合他社に対して優位性を持つことができるというものである。なお，そうした無形資産を本国で利用したほうが効率のよい場合，輸出が選択される。しかし，外国での利用がより有利である場合は，FDIにより子会社を保有することが行われる。国内よりも外国が有利であることは，立地特殊的要素として説明される。こうした無形資産は企業間，国家間での移転は容易には行われない。しかし，この無形資産の取引が進出先の市場を介して入手できない場合，企業は自ら子会社を現地国に保有する。また，FDIとフランチャイジングの組み合わせもあり，FDIによって合弁子会社

を設立してその国でのライセンス供与を行う。合弁子会社の直接経営による店舗を現地に保有するが，多店舗展開の実施においてはフランチャイジングによって実現している。これは多数の店舗を必要とする外食産業でも行われている。

(2) 販路開拓としての輸出と対外直接投資の状況

　経済産業省「企業活動基本調査」によると，中小企業のうち輸出を行っている企業は，**図表10－5**に示す通りである。2015年では，4,544社が輸出を行っており，輸出企業割合も上昇傾向にあり21％となっている。輸出額および売上高輸出率は，ともに年々増えている[6]。海外展開の有無別の労働生産性は，輸出を行っていない企業より労働生産性が高い傾向にある。対外直接投資を行っている企業についても行っていない企業に比して労働生産性は高い[7]。企業の規模別・業種別に分けて，対外直接投資を行う企業数の推移を**図表10－6**に示す。

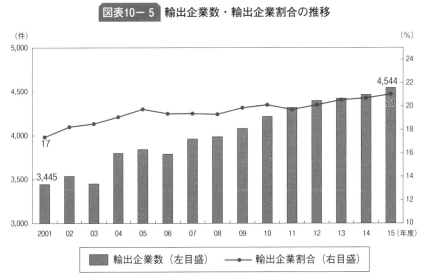

図表10－5　輸出企業数・輸出企業割合の推移

資料：経済産業省「企業活動基本調査」再編加工。
出所：『中小企業白書 2018年版』，24頁，第1-1-20図。

図表10－6 企業規模別・業種別直接投資企業数の推移

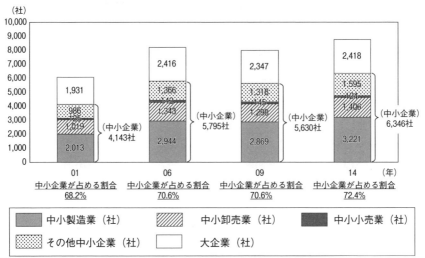

資料：総務省「平成13年，18年事業所・企業統計調査」，「平成21年，26年経済センサス―基礎調査」
　　　再編加工。
注1：ここでいう直接投資企業とは，海外に子会社（当該会社が50％超の議決権を所有する会社。子
　　　会社又は当該会社と子会社の合計で50％超の議決権を有する場合と，50％以下でも連結財務諸
　　　表の対象となる場合も含む。）を保有する企業（個人事業所は含まない。）をいう。
注2：ここでいう大企業とは，中小企業基本法に定義する中小企業者以外の企業をいう。
出所：『中小企業白書 2018年版』，26頁，第1-1-23図。

　　上記の中小企業の輸出や対外直接投資についての状況はマクロデータである
が，このような企業は，OLIパラダイムで分析すると，所有特殊的要素（企業
特有の優位性）を保有している，立地特殊的要素を考慮して進出先の対象を定
め，内部化インセンティブを考慮して進出方法（輸出，直接投資）を決めてい
る。所有特殊的要素はイノベーションによって生起され，また海外活動（輸出,
直接投資）そのものがイノベーションである。例えば，国際化している企業の
労働生産性が高いのは，労働生産性が高いから海外活動ができていると理解で
き，一方で海外活動を行う中で労働生産性をさらに高めてきたとも理解できる。

5／中小企業によるグローバルなイノベーション

　本章では，地域の中小企業に焦点を当てて，企業間の協力による知識創造，グローバル化（貿易，直接投資）の状況を紹介した。活発な中小企業の活動の根底にはイノベーションと認められる事柄が多い。特にグローバル化は多国籍企業論や国際経営の範疇であるが，イノベーションとして説明ができる。

　なお，起業して間もなく国外展開やグローバルビジネスに入る企業（ボーン・グローバル企業（BGC））が出現している。インターネットの普及やクラウドファンディングによる新たな資金調達の基盤形成などにより，短期間に経営資源を入手して，起業後まもなく国際的事業活動を開始している。短期形成のイノベーションのプロトタイプとも考えられる。日本ではまだ事例が少ないが，地域のスタートアップ企業や既存の中小企業の発展の先行指標と捉えることもできそうである。いずれにせよ，イノベーションによって地域経済が発展することを期待している。

▶注
1 米国連邦政府の見解であるが，米国小企業庁（SBA: Small Business Administration）は，政府支援等の施策上で，業種区分ごとに，従業員，売上高によって対象を定めている（2004年改訂）。http://www.sba.gov/size/　を参照。
2 EUでは500名未満であったが，1996年に欧州委員会の公式決定で，「従業員数250人未満，年間売上額4000万ユーロ以下または年次バランスシート（総資産額）2,700万ユーロ以下で，他の1つないし複数の大企業に資本または経営権の25%以上を保有されていない企業」に変更された。
3 日本では和製英語である「ベンチャー・ビジネス」が同じ意味で使われることが多い。今までにないイノベーションを通じ，積極的に人々の生活と社会を変える意図を持っている企業といえる。
4 米国では従業員500名未満の企業数は2,200万社を超え，企業の95%以上が小企業である。
5 図表10-2では開業率が廃業率を上回っており企業総数が増えるはずであるが，図表10-1の企業総数減と整合性がない。統計の性質が異なることが原因と考えられ

る。
6 『中小企業白書 2018年版』，25頁，第1-1-21図。
7 『中小企業白書 2018年版』，25頁，第1-1-22図。

▶参考文献

Dunning, John H. [1973] The Determinants of International Production, *Oxford Economic Papers*, Vol.25, No.3 pp.289-336.

Schumpeter [1926] *Theorie der wirtschaftlichen Entwicklung: Eine Untersuchung über Unternehmergewinn, Kapital, Kredit, Zins und den Konjunkturzyklus*, Berlin. （塩野谷祐一・中山伊知郎・東畑精一訳 [1937；1977]『経済発展の理論―企業者利潤・資本・信用・利子および景気の回転に関する一研究』岩波書店, 1937年, 1977.9-1977年11月2冊）

高垣行男 [2017]『地域企業における知識創造』創成社。

高垣行男 [2019]『国際ビジネスの新潮流―ダイナミックOLIサイクルの試み』創成社。

中小企業庁 [2015]『中小企業白書 2015年版』日経印刷　ウエブ版：
　http://www.chusho.meti.go.jp/pamflet/hakusyo/H27/h27/index.html
　（2019年6月29日現在）

中小企業庁 [2018]『中小企業白書 2018年版』日経印刷　ウエブ版：
　http://www.chusho.meti.go.jp/pamflet/hakusyo/H29/h29/index.html
　（2019年6月29日現在）

中小企業庁 [2019]『中小企業白書 2019年版』日経印刷（ウエブ版：
　https://www.chusho.meti.go.jp/pamflet/hakusyo/2019/PDF/chusho/00Hakusyo_zentai.pdf（2019年6月29日現在）

中小企業庁Webサイト　http://www.chusho.meti.go.jp/soshiki/teigi.html
　（2019年6月29日現在）

米国小企業庁（SBA: Small Business Administration）https://www.sba.gov/federal-contracting/contracting-guide/size-standards（2019年6月29日現在）

第11章

長寿社会における
生命保険事業のイノベーション

1 戦後の保険業界と自由化後の変貌

　1938年，日本は国家総動員法により市場経済を停止した。戦後も規制と保護は長く残った。特に金融自由化の始まる以前の金融は，護送船団方式と呼ばれる保護行政や銀行間などの横並び意識に象徴される協調的な産業組織のもと，他産業と比較すると極めて厳重に規制された産業であり，金融機関の行動がさまざまな形で制約されていた。

　生命保険事業に関しても，戦後は産業全体の安定性を優先することが保険行政の政策課題と位置づけられ，商品や価格に関する認可制などに代表される護送船団行政が展開されてきた。日本で56年ぶりに保険業法が改正されたのは1995年のことであった。子会社形態での生損保相互乗り入れなどが認められて，護送船団方式と形容された事前規制に基づく保険行政が，事後規制に大きく変更された。それから規制緩和が続き，20年以上が経過した。

　社会経済の変動，国民生活の変化，そして消費者のニーズの動向もあり，保険商品に関しても商品の寿命・ライフサイクルもあって，新商品の開発が必須のこととされる。同時に販売チャネルや販売方式の変化もあり，こうした種々の変容に対応するには保険のマーケティング・イノベーションが必要とされる。

　生命保険においては訪問販売（営業職員チャネル）が依然として主力ではあるが，通信販売，店頭販売，インターネット販売と販売チャネルが拡大され，

さらに今日では来店型店舗や銀行での窓口販売が展開されている。

　通信販売，インターネット販売では消費者にとって簡単明瞭な商品が好まれ，そうした商品の開発も行われるようになった。それらは外資系保険会社の参入や規制緩和による自由競争の促進がもたらした影響である。まさに保険販売・保険流通のイノベーションといえよう。

　本章では，長寿社会において，生命保険の新しいあり方がイノベーション化している事象について論考したい。

2 保険事業のイノベーション

(1) 保険事業のイノベーション

　少子高齢化，経済・経営のグローバル化，そして市場規制の緩和など，保険の取り巻く環境は大きく変化している。この変化を受け，保険事業のイノベーションについて石田［2008］は次の4つの観点に要約できると述べている。

　①新商品開発：社会の変化に合わせた消費者ニーズの動向と商品のライフサイクル，販売事情も考え合わせた商品開発，②新市場の開発：新加入者層の開拓，旧来の商品の買い替え，新規需要の掘り起こしなどの一連の市場開拓，③新組織の構築：新たな販売チャネルの探索，旧来の営業職員・内勤職員の枠をはずした組織の構築，新契約募集，集金・保険料徴収，契約の保全管理，契約者のアフターサービス，保険金支払などを一括管理できる人材とその組織，④新しいサービスの開始：人々の生活設計・生活保障に関し，各種の情報提供，アドバイス，コンサルタントなどのサービスのできる人材とサービス体制[1]。

　こうした環境変化におけるイノベーションでは，保険は「販売即生産財」などの特徴から上述の商品・新サービスの開発と新市場の開発，そして販売組織改革は相互に連動しながら進展すると考えられる。

(2) 保険事業の役割

　人生100年といわれる超長寿化は，社会的に大きなインパクトを与えている。政府は生涯現役社会の構築を謳っているが，65歳以上の就業者が増えていくと，日本の潜在成長力は押し上げられる。それによって，定年の延長や年金支給の後ろ倒しなどが現実化し，働き続けるために健康でい続ける必要がある。ゆえに，イキイキと働く65歳以上の人たちを，生保業界がどうサポートできるかが重要となってくると考える。生命寿命が延びている中で，公的保障に余裕がなくなってくるため，生命保険の役割が縮小することはない。よって，貯蓄性の保険だけでなく，長生きのリスクに備える保険などが生活に役立つツールとして増えてくるであろう。

(3) 保険事業の収益構造

　保険事業の収益構造は，基本的には単純であり，保険部門と金融部門の収益を合算したものである[2]。保険部門（保険ビジネス）と金融部門（運用ビジネ

図表11-1 大手生保4社比較（2017年度）

（単位：億円）

	日本生命	第一生命	明治安田生命	住友生命
【保険ビジネス】				
保険料等収入	44,884	39,545	27,194	25,085
保険金等支払金	▲36,631	▲30,518	▲22,125	▲19,723
事業費	▲6,005	▲4,868	▲3,564	▲3,285
保険関連収支	2,248	4,158	1,505	2,077
【運用ビジネス】				
資産運用収益	16,526	13,527	8,901	7,587
資産運用費用	▲3,242	▲4,927	▲2,072	▲1,755
資産運用収支	13,284	8,600	6,829	5,832

注：第一生命以外は単体。第一生命は，第一生命単体に第一フロンティア生命とネオファースト生命の決算を合計した数値。
出所：各社HPの決算概況をもとに筆者作成。

ス）を比較すると，大手生保会社において利益を上げているのは保険ビジネスよりも，運用ビジネスであることがわかる（**図表11−１**）。しかし，運用するための資金は必要であるため，保険販売は集金的な役割を担わざるを得ない。安定的に保険販売を進めるためには，その時代や顧客のニーズに合った商品開発が不可欠である。保険の自由化以降，各生保会社の商品開発力とチャネルの展開力（営業職員，来店型店舗，銀行窓販など）が保険業界発展のカギを握っている。

　特に，第一生命ホールディングスは，傘下の３社を軸にしたマルチブランド・マルチチャネル戦略を展開している（**図表11−２**）。これまで顧客を性別や年代別などの基本属性で捉え，それに見合ったパッケージ型の商品を第一生命の販売チャネルで販売する従来の手法を採用していた。ところが，実際の顧客の価値観や生活スタイルは細分化し，より多様化している。よって，これまでのような販売手法では，顧客のニーズを十分に満たすことができなかったのである。このような状況下において，同社は顧客の価値観や生活スタイルに沿った商品を顧客が求めるタイミングで提供する必要に迫られたのである。この経緯があって大手生保の中でも極めて特徴的な３社を軸にしたマルチブラン

図表11−２　第一生命ホールディングス傘下３社による
マルチブランド・マルチチャネル戦略

	第一生命	第一フロンティア生命	ネオファースト生命
創業	1902年	2006年	2015年
主な販売チャネル	営業職員	金融機関	保険ショップ
主な販売商品	比較的大口の生命保険全般	一時払いの貯蓄性商品（窓販マーケット商品）	比較的小口の生命保険（保険ショップ向け商品中心）
特徴	健康診断書を提出するだけで保険料が安くなる割引特約「健診割」の発売	窓販で取り扱うのは貯蓄性一時払商品。特に最近は外貨建て定額商品が中心	身長，体重，血圧などから算出した「健康年齢」に基づいて保険料を設定する保険商品を発売

出所：『週刊東洋経済』臨時増刊（2018年10月３日号），15頁をもとに筆者作成。

ド・マルチチャネル戦略を生み出されたのである。それぞれの特徴は，第一生命：営業職員（4万5,000人）を主体に展開している，第一フロンティア生命：金融機関を通じた「窓販」マーケットで50歳以上の比較的金融資産に恵まれている層を顧客対象として商品を販売している，ネオファースト生命：保険ショップ向けを中心に比較的小口の商品を扱っている。さらに，第一生命の営業職員が第一フロンティア生命やネオファースト生命の商品を販売するなど，グループ連携の強化策も推進している[3]。

3 これからの生命保険のあり方を変える視点と取り組み

(1) 長寿社会のキーワードは「健康増進」と「長生きリスク」

　人が心身ともに健康で自立的に活動し生活できる期間を「健康寿命」といい，その平均は男性が72歳，女性は74歳となっている（2016年時点）。この健康寿命をさらに延ばすことが日本の最重要課題の1つに位置づけられている。政府が公表した「日本再興戦略─JAPAN is BACK（2013年6月14日閣議決定）」では，「国民の健康寿命の延伸」がテーマの1つとされ，2030年のあるべき姿として「効果的な予防サービスや健康管理の充実により，健やかに生活し，老いることができる社会」などの実現を目指す指針が示された。

　また，近年日本において「健康経営」という考え方が広がりつつある[4]。2014年6月に改訂された日本再興戦略では，健康経営の普及に向けて，これに取り組む経営者に各種のインセンティブを提供することが決まった。例えば，「健康増進の取り組みが企業間比較できるような評価指標を構築する」，「東京証券取引所で健康経営に積極的に取り組む企業を株式市場で評価するため，新たに健康経営銘柄を設定する」，「企業の従業員の健康増進に向けた優良取り組み事例を選定・表彰する」などが挙げられる。健康経営に関しては，企業が従業員の健康に投資する環境の整備を目的として，経済産業省や厚生労働省が中心となり，「健康経営銘柄」の指定や「健康経営優良法人」の認定，「健康経営

アドバイザー」の育成など，さまざまな政策が展開されており，それが民間や地域層まで広がりを見せている。企業としては，このブームをうまく捉え，これまでの産業保健活動をさらに発展させたうえで，企業の健康文化を構築していきたいところである。

　そして，もう1つ忘れてはならないのは，長生きリスクとして「認知症になったときの経済的な負担」や「老後資金の枯渇」が挙げられる。近年，平均寿命が右肩上がりに伸長している一方で，自身の寿命が予測できないことによる長生きに対する経済的な不安が拭え切れない状況にある。

(2) 備えるべきリスクの変化

　純粋リスクとは損失の可能性のみを考慮したリスクのことであるが，これまでの保険制度では，純粋リスクのカバーを中心に，加入者のリスク軽減機能を担ってきた。生命保険に関しても，死亡時や病気になったときなどの経済的補填がその役割を担っていた。

　人生はいつも順風満帆とは限らない。思わぬ病気やけがで入院したり，介護を受けるようになったりする。ライフイベントやリスクも人それぞれである。今後，さらなる高齢化とデジタル化が同時に押し寄せる日本において，万一への備えやお金に関する考え方も変わり，顧客の求める価値が変わることで生保会社が提供する価値も変わってくるだろう。

　これまで，生保会社はリスクに備えることを目的として，時代のニーズにあった保障を提供してきた。しかし，近年では，高齢化が進むにつれて，「リスクに備える」だけでなく「リスクそのものを減らす」というニーズも高まってきている。そのため「リスクそのものを減らす」という保険の新たな価値を創造することができれば，より多くの顧客の役に立つことができる。

　例えば，顧客が保険を選ぶ際の重要な要素の1つに「保険料体系」がある。生保商品の保険料は，契約時に性別や年齢によって定められるものが多く，加入後は更新等を迎えるまで一定期間変動しないという認識が一般的に定着している。つまり，保険加入後，日々の健康を意識して生活している人であっても，

明らかに不健康と思われるような生活をしている人であっても，同水準の保険料を払っており，健康的な生活を送っているような加入者にとっては納得感を得難い仕組みであった。そこで，新たに「健康」という尺度で保険料を設定することができれば納得感を得られ，健康増進活動を実施するインセンティブともなる仕組みが構築できる。生命保険契約と加入者の健康度には強い関連性があるため，生保会社は加入者が健康的な生活を送り，支払率が良好な優良群団となることで生まれる保険数理的な余剰を還元することが可能になる。加入者にとっては健康で活動的な日々を送ることに加えて，保険料を安く抑えることにつながるのである[5]。

(3) 健康増進型保険商品の開発

　この1～2年で「運動や食生活を日々心がけ，健康の増進に取り組む人の保険料を安くします」というような動機づけを加入者に与え，意識や行動の変化を促そうとする保険商品が登場している。それらの中でも，万一の経済的保障を担保することで，健康な人ほど保険料が割安になり，還付金を受け取れる「健康増進型」の保険商品が増えている（**図表11-3**）。これらは，保険を通じて加入者の健康維持や改善を目的に開発された。いわば，これまでの保険の概念を大転換させる「保険の革命商品」ともいうべきものである。今までは，万一のときや病気になったときの安心の提供が主目的であったが，それにプラスして病気にならないためや病気を早期に発見するための健康増進を応援するという「生命保険の新たな価値の提供」という新たな目的が付加されたといえる。

　健康増進型保険には割引や還付金の算出の仕方で大きく2つのタイプがある。まず1つは，明治安田生命や第一生命のように健康診断の「結果」で評価するタイプである。例えば，明治安田生命の健康増進型保険「ベストスタイル健康キャッシュバック」は健康診断結果を提出すると，結果に応じて3段階で区分した保険料を年1回還元する（還元額は最高で保険料1カ月分，次点で半月分，最低で0.1カ月分）。中でも，同社が力を入れている項目は「BMI（肥満度）」

「血圧」「尿」「血液」で，がんや脳卒中，糖尿病などの発生確率をはじく，危険度診断のような独自のサービスである。自分の所属する会社で受診した健康診断結果は数値を知ることができても，それがどの程度危険な信号なのかは判定しにくい。「ベストスタイル健康キャッシュバック」のように，健康診断結果に基づく加入者の健康に関する情報・アドバイスを提供することで，健康増進に対する意識を転換するきっかけにしようと試みているのだ。

　次に，第一生命の「ジャスト健診割」は，契約時の1回だけ健康度を判定するが，健康診断結果を提出するだけで保険料は約1割引，BMI，血圧，血糖などが優良の基準に該当していれば合計で最大2割引になる。つまり，健康な人だけを割り引くのではなく，健康診断を受けている人を幅広くサポートする仕組みだ。この健診割は特に健康に気を配っていない人でも，健康診断を受けてさえいれば割引となる。そもそも，「ジャスト健診割」の開発では，事前に1,000万件の医療ビッグデータを用いて健康診断を受けている人と受けていない人それぞれを分析している。その結果，受けている人のほうが3大疾病リスクが約1割低く，死亡リスクは3割ほど低いことが明らかとなり，健康診断を受けるという「行動」を評価する商品の開発につながったのである。

　そして，もう1つは住友生命や東京海上日動あんしん生命のように「プロセス」を評価するタイプである。これは，健康意識が高い人に向いている。その理由を住友生命の「バイタリティ」を例に考察したい。これには，長期的に継続するという性質を持つ生保商品に健康増進プログラムを組み込み，顧客に対し継続的な健康増進活動を促して行動変容を目指すものである。具体的には，ディスカバリー社（南アフリカ）の健康増進プログラムを活用しており，健康診断や日々の運動など，健康に気を配った取り組みに応じて毎年保険料を見直す仕組みで，保険料は最大3割安くなる。逆に，健康診断を受診しなかったり，運動を怠ったりすると，最大1割保険料が上がる。また，加入者向けの特典（リワード）が用意されており，提携しているスポーツクラブやコンビニなどで健康プログラムにおける目標が達成された場合，これらの企業から特典が与えられる。

図表11-3 主な健康増進型保険

タイプ	社名	商品名	特徴	形態
結果重視	明治安田生命	ベストスタイル健康キャッシュバック	毎年提出する健康診断結果に応じ，3区分で判定し，キャッシュバック	主力商品ベストスタイルの特約
結果重視	第一生命	ジャスト健診割	契約時に提出する健康診断結果に応じ割引。結果が悪くても割引適用。	主力商品ジャストの特約
プロセス重視	住友生命	バイタリティー	日々の健康への取り組みを1年ごとに数値化し評価。保険料の割引・割増あり。	医療保険などの特定商品に追加する専用プログラム
プロセス重視	東京海上日動あんしん生命	あるく保険	歩くことに特化。半年ごとの計測期間で1日平均8,000歩以上歩くと，キャッシュバック。	医療保険

出所：『日本経済新聞』「Money & Investment」（2019年3月16日朝刊），各社HPをもとに筆者作成。

　最後に，歩くことに特化している東京海上日動あんしん生命保険の「あるく保険」を取り上げる。この保険は，半年ごとの計測期間で1日当たり平均歩数が8,000歩以上となると保険料が還元される仕組みであり，健康診断結果の提出も不要で，比較的手軽にチャレンジできる。

4 長寿社会における生保業界への期待

　本章では，「リスクに備える」というこれまでの保険の概念・イメージを「リスクそのものを減らす」，つまり健康になるために加入するというポジティブなものに変える革新的な商品である「健康増進型保険」について述べてきた。これは生命保険市場を根本から変えていく，いわゆるイノベーションでといっても過言ではない。

　また，長寿社会における長生きリスクについては，公的年金をはじめとする社会保障制度がその責務を担っており，民間である生命保険の役割ではないと

区分することもできる。しかし，この長寿社会において社会保障は国の財政を逼迫させている。ゆえに，従来の社会保障が担ってきた機能を民間保険が代替することが期待され，その必要に迫られている。

　こうした社会背景から平均寿命を超えて長生きしてもお金に困らないよう設計された商品「トンチン年金保険」が登場している。簡単に言えば，同商品は死亡した人の保障を抑えて，その分を生存している人の年金に回し，より多くの年金を受け取れるようにした仕組みである。これは低金利下で貯蓄性商品としてメリットを打ち出すことができるため，これまで日本生命，第一生命，太陽生命，かんぽ生命などがトンチン性[6]を活用した商品を発売している[7]。

　さらに，長寿化に伴い，重要課題として挙げられている認知症高齢者の存在も忘れてはならない。政府によれば，65歳以上の認知症患者数は2025年には約700万人（2012年は462万人）に達する見通しであるが，認知症になったときの経済的負担に備える「認知症保険」（予防や早期発見に主眼を置く新商品）など長寿社会に対応した商品が開発され，相次いで生保会社から売り出されている。これらもイノベーションの一環といえる。

　医療や介護などの社会保険料が増加する中，家計による民間保険のリストラも逆風となってきている。保険各社は海外進出が一巡した今，多様化する顧客ニーズに踏み込んで対応しないと生き残れない。

　保険が自由化され20年以上経過した今日，長寿社会の中で生命保険のあり方が変化している。今後も生保業界は「健康増進」と「長生きリスク」をキーワードに企業の健康保険組合などからの健康関連のビッグデータやAIを活用しながら長寿社会に対応した新商品を開発していくであろう。

　このようなイノベーションが新たなニーズを掘り起こし，新しい商品や販売方法の開発につながる。これからの生保業界には，長寿社会を生きていく人々の生活様式や社会の制度をも変えていくような新たな展開が期待されている。

▶**注**

1 石田［2008］，18-20頁。

2 田畑・岡村［2018］，147頁。

3 『週刊東洋経済』臨時増刊2018年10月3日号，14-15頁。

4 健康経営とは，1980年代に米国で生まれた考え方である。米国人の経営心理学者の
ロバート・H.ローゼン氏が，1992年にそれまでの健康経営の考え方をまとめた著書
"*The Healthy Company*" の中で，従業員の健康を重視し，「従業員の健康向上を図
ることで企業の生産性向上を目指す経営手法」を提唱。これは今まで分断されてい
た「経営管理」と「健康管理」を統合していこうという概念に基づいている。

5 北村［2019］，8-9頁。

6 松崎健［1991］，16頁によれば，トンチンとは「契約者群団中の死亡者から生存者
への経済的再分配」とされており，また「『トンチン性』とは『生存保障性』を意
味し，『トンチン性を高める』とは『生存保障性を高める』という意味で，言い換
えれば，生き延びるほど受取額が増加するという意味で使うものとする」とされて
いる。

7 『週刊東洋経済』臨時増刊2018年10月3日号，26-27頁。

▶**参考文献**

石田重森［2008］「保険の流通・販売をめぐるイノベーション」石田成則編著『保険
　事業のイノベーション』慶應義塾大学出版会。

北村英之［2019］「健康増進保険　住友生命『Vitality』の開発」『生命保険経営』
　第87巻第2号，生命保険経営学会。

田畑康人・岡村国和編著［2018］『読みながら考える保険論（増補改訂第3版）』
　八千代出版。

松崎健［1991］「トンチン制度の研究」『生命保険経営』生命保険経営学会，第59巻
　第4号。

「生保・損保特集2018年版」『週刊東洋経済』臨時増刊2018年10月3日号。

「Money & Investment」『日本経済新聞』2019年3月16日朝刊。

―第**12**章―

リアルワールドデータによる
クリニカルイノベーションの可能性
―医療サービスの価値向上に向けた一考察

1 医療ビッグデータとイノベーション―本章の目的

　近年，医療・介護サービス産業においても他の産業と同様に，医療通信技術
（Information and Communication Technology：ICT）が急速に発達し，膨大
なデータが収集・管理されるビッグデータ時代が到来している。これまで，
データベース化された医療・介護分野の情報は，主に臨床疫学研究などの医学
研究として利活用されており，今後もその発展が望まれることには変わりない。
それ以上に，医療現場からもたらされるリアルワールドデータの有効活用は，
医薬品や医療機器などの臨床開発を中心に，臨床研究や医療政策立案のあり方
を変える可能性を内包している。

　臨床現場でのさまざまな問題を解決するため，イノベーションの観点を用い
ることは重要である。イノベーションでは，既存の情報や技術を新しい組み合
わせとして束ね直し，それまでに存在しないサービスや価値を提供することが
大きな目的であるといえる。その中で，医療においては専門性を深め先進医療
を推し進めるような「知の深化」に注力されがちである。しかし，リアルワー
ルドデータの有効的な利活用が可能となり，「知の探索」を効率的に展開する
ことができれば，医療・介護サービス産業全体がよりイノベーティブに展開す
るためのブースターとしても期待できるのである。

　一方で，イノベーションの大きな目的が，医療・介護サービス産業の価値を

向上させるものであるべきなのはいうまでもない。医療サービス産業の価値とは，健康やQOLの達成である。しかし，医療は貴重な公共財であり，限りある医療資源で運営されている。また，少子高齢化，人口減少，社会保障費の増大といった今後に予測される社会情勢を鑑みると，その効率的な利用にはプロバイダーだけでなく，保険者や患者自身の積極的な関与を欠くことはできない。

　よって本章では，医療・介護の価値を高めるためのリアルワールドデータの利活用の促進についての現状や医療におけるイノベーションのあり方を確認する。そのうえで，医療・介護サービス産業の中での主だったステークホルダーである患者，医療提供者，保険者のそれぞれの視点からの考察行うことを目的とする。

2／医療・介護サービス産業における情報化

(1) 主な国の取り組み

　日本再興戦略から引き継がれた「未来投資戦略2017」において筆頭に挙げられたのが「健康寿命の延伸」である。団塊の世代が75歳を迎える2025年に向け，①データ利活用基盤の構築，②保険者や経営者によるデータを活用した個人の予防・健康づくりの強化，③遠隔診療・AI等のICTやゲノム情報等を活用した医療，④自立支援・重度化防止に向けた科学的介護の実現，⑤ロボット・センサー等の技術を活用した介護の質・生産性の向上，が「新たに講ずべき具体的施策」として掲げられている。

　データの利活用においては，データヘルス改革として，生涯にわたる自らの健康，服薬状況などの医療情報を本人が管理できるPHR（Personal Health Record）の構築・提供や，健康・医療・介護のビッグデータを個人のヒストリーとして連結・分析できる基盤を2020年頃から本格的に運用させるとしている。また，日本発の優れた医薬品・医療機器などの開発・事業化を進めるためにも，厚生労働省，日本医療研究開発機構（Japan Agency for Medical

Research and Development: AMED) や独立行政法人医薬品医療機器総合機構（Pharmaceuticals and Medical Devices Agency: PMDA）の連携により，クリニカル・イノベーション・ネットワーク（Clinical Innovation Network: CIN）や医療情報データシステム（Medical Information Database Network: MID-NET）の構築が進められている。CINやMID-NETについての詳細は後述する。

(2) リアルワールドデータとは

　医療においても，ビッグデータ時代が到来している。医療ビッグデータとは，保険医療に関わる種々の目的のために，多施設から恒常的に収集・蓄積され，閲覧・検索・統合・収集・分析が可能な形でデジタル化され，コンピューターに整理・格納されている医学・医療データの集合体である。医療ビッグデータの類型としては，①政府統計：人口動態統計，患者調査，医療施設調査など，②診療報酬請求データベース：全国レセプトデータ，DPC（Diagnosis Procedure Combination：診断群包括分類）データ，介護給付実態調査など，③患者登録型データベース：がん登録，外科学会NCD（National Clinical Database），消防庁救急蘇生統計など，④その他：電子カルテ，オーダリングデータ，ゲノム遺伝子情報など，に区分できる（康永［2016］）。

　医療ビッグデータの中で，個々の患者に関する実際の医療行為や結果の記録，日々の生活における疾患や健康関連のデータが医療リアルワールドデータと称される。リアルワールドデータが具体的に何を指すかについての明確な定義はないが，疾患自体の研究のほか，医療提供体制の評価，医薬品，医療機器の安全性，有効性，適応等に関する研究など，幅広い範囲での利活用が検討されている。以下，現在の研究においてよく活用されているデータベースを紹介する。

①診療報酬請求データベース

　主に，医療機関ごとの日常診療下での医療行為，結果，保険支払い等の情報が記録されたデータベースである。現在は，これらのデータベースの連結が課

題となっている。

NDB（ナショナルデータベース）：レセプトおよび特定健診についての電子化情報されたデータベースである。レセプト情報は各医療機関，特定健診等情報は支払い基金，都道府県連合会等の代行機関が提供，匿名化処理の後，厚生労働省が管理している。民間利用促進の提言を受け，公開可能と認められた情報（オープンデータ）が定期的に公開されている。

DPCデータベース：急性期病院の入院に2003年に導入された1日当たり包括評価制度（診断と治療措置を包括した診断群包括分類：DPC）に基づいたデータベースである。2018年の時点で全国約1,700病院から年間700万人分の急性期入院患者の情報が収集されている。簡易診療記録情報，施設情報，保険以外診療情報等などを含み，研究目的での利活用が進んでいる。

介護保険総合データベース：介護保険給付費明細書（介護レセプト）等の電子化情報データベースであり，市町村から提出される介護レセプトと，事業所から提出される要介護認定データが，匿名化後に厚生労働省により管理されている。現在は，すべての市町村に当データベースへのデータの提供が義務化されており，分析も進んでいる。

MID-NET：電子カルテ，レセプト，DPC,部門システムの電子化情報が標準化,匿名化された総合データベースであり，PMDAにより運営されている。2018年で10拠点，23病院の約450万人のデータを保有している。このデータベース事業は，個人情報の保護等に配慮しながら，電子カルテ，レセプト，DPC等を含む医療情報データベースを構築し，専門家が効率的・効果的に活用できるように運営組織・体制を整え，薬剤疫学的な評価基盤の整備も行うことを目的としている。行政，アカデミアのほか，製薬企業の利活用も可能である。

②患者登録型データベース

特定疾患や特定治療の対象となる患者を登録，追跡管理することで観察研究を行うことを目的としたシステムにより集積されたデータベースであり，疾患レジストリとも呼ばれる。

　患者登録型データベースは，学会や機関病院が主体となりそれぞれの研究目的のため設置されているため，設計・運用の状況は非常に異なる。一般的には，特定の疾患と診断された患者の匿名化リストに基づき，患者単位での診断名，治療行為，病態の進行などのほか，医師による臨床所見や疾患特異性アウトカムなども含まれることが大きな特徴である。

　各学会が構築，運営する患者登録型データベースのネットワーク化を推進する取り組みが，クリニカル・イノベーション・ネットワーク（CIN）構想である。CIN構想は，各国立高度専門医療センターがそれぞれの疾患レジストリの構築を進めるとともに，それらから得られるデータを効率的な治験・臨床研究，市販後調査に利活用するための，各種システムの構築，環境整備，ガイドラインの策定を行うものである。関係機関のネットワークを構築して産学連携による治験コンソーシアムの形成も念頭に置かれている。

③民間の診療録レセプト等データベース

　半ば公的なものだけでなく，民間でのいくつかの診療録レセプト等が構築されている。一般社団法人健康・医療・教育情報評価推進機構（HCEI）は，救急病院を含む全国の民間病院から公立病院まで，約200の医療機関と連携し，電子カルテ由来の診療情報，検査結果，DPC情報，レセプト情報を中心とした電子化情報を収集している。JMDC（Japan Medical Data Center）が保有するデータベースは，日本で民間利用可能な最大規模の疫学レセプトデータであり，疾病，薬剤，診療行為情報などが高度暗号化処理され，直ちに研究着手可能な状態で管理されている。また，2020年にはマイナンバーをベースに，調剤レセプトデータであるお薬手帳の電子オンライン化が予定されている。

（3）リアルワールドデータの利活用の課題

　リアルワールドデータを活用する最も大きな目的は，恒久的に収集される日常診療，費用推移や健康関連イベントを分析することにより，さまざまな診療行為（検査，投薬，手術など）の介入効果を評価することである。

　一般的に何らかの治療行為の効果判定を行う場合には，取り込み基準を満たした患者を無作為に割り付けるランダム化比較試験（randomized controlled trial: RCT）が行われる。この方法は，試験をデザインする入口の段階で，各群の違いを制御（control）することができるため，最も高い内的妥当性（研究結果がどの程度正確か，合理的であるかどうかの度合い）が得られる方法である。

　しかし，このRCTを行うためには多くの費用や機会コストがかかるが，それ以上に，実際の日常診療においては患者を「割り付ける」ことが難しい場合が多い。例えば，事故現場から患者を搬送する場合，ヘリコプター搬送と救急車搬送の費用効果を比較するために患者をどちらかに故意に割り付ける，という状況は現実的にも倫理的にも困難である。このような場合，リアルワールドデータにより，各患者の各診療行為が記録されデータベース化されていることで，後方視的な観察研究が可能となるのである。

　一方，リアルワールドデータベースの分析にあたっては，RCTのような比較可能性を担保するため，交絡因子の調整を行うことが重要となる。また，多く存在する欠損値の扱いも重要となる。これらの問題を完全に解決することはなかなか難しいが，生物統計学や疫学における分析手法は日々進化しており，課題が改善，解消されていくことが，今後に期待されている。

　リアルワールドデータは，必然的に創薬や医療機器開発の分野においても利活用が可能となる。特に，製造販売承認申請への活用に関しては，日本のみならず世界中で活発な議論が行われている。その大きな目的は，臨床試験や市販後調査の効率化・低コスト化・迅速化であり，現在も有益な利用方法の検討がさまざまな形でなされており，社会の変化に適したあり方が期待されている。

3 医療における価値問題とイノベーション

(1) 医療の価値

　一般的な株式会社にとっての価値は「収益」や「株価」を上げることであるが，医療における価値とはどのようなことであろうか。そもそも医療の存在理由は人々の健康の達成に寄与することである。患者にとっての医療の価値とはなにかを考えると，マイケル・E.ポーター［2009］は経費 1 ドル当たりの健康上のアウトカムであると述べている。

　ここでいう健康上のアウトカムとは，まさしく提供した医療サービスにおける診療成績という「質」を指す。医療サービスの質は，医療サービスが提供されるまでに経たすべての過程によって規定される。医療の質を評価する際に頻用されるDonabedianモデル［1980］では，構造（structure），過程（process），結果（outcome）などを多面的に評価する必要性が述べられており，投入した医療資源に見合った形で患者の全体的な福利を最大化することが重要となる。

　経済学的には，可処分所得のあるものが多くの配分を得ることが効率的であるとされるため，いわゆる「金持ちがいい医療を享受する」という状況が許容される。しかし，日本における医療の立ち位置は，いわばインフラストラクチャーといえるものであり，国の基盤を支える公平性を重視したセーフティーネットである要素が強い。そのため，医療資源の有効に活用し，必要な人に必要な医療を，適時性を持って提供することが重要となる。

(2) 効率的な医療の提供とは

　効率的に医療を提供することは，いわば医療の質を担保することでもある。現在の医療では，この質の担保に関しての非効率性が認められる。例えば医療の提供にあたり，診療プロセス，診断方法，治療技術や医薬品など，あらゆる面で最善の診療を取り入れることができれば，短期的に医療の質だけでなくコ

ストも改善できる。

　また，どんな産業でも製品やシステムの欠陥を改善するとコストが低下するように，医療安全を徹底し医療現場でのミスを削減することも効率性の改善につながる。1つの医療ミスは，本来必要としない追加治療などが患者の負担となるとともに，提供者にとっては信頼の失墜などの社会的に膨大なコストを生じることになる。

　医療提供プロセスにおいては，標準化が進んでいるように見えるが，その実態は不明確である。例えば，同じ疾患の患者を違う医療チームが治療した場合，その結果には差が生じる。もちろん患者背景の相違いはあるが，おそらく医療機関や医療チームごとの診療プロセスにおける相違に関連する部分も大きいと考えられる。一見，新規の技術開発に重きを置きがちになるが，既存の技術や治療をうまく活用することで，医療提供体制における効率性を改善することは十分に可能である。

(3) 医療におけるイノベーションとは

①イノベーションとは

　イノベーションについての詳細は多くの専門書に記されているが，ここでは多くの文献で引用されるシュンペーター［1934］の「新規の，もしくは既存の知識，資源，設備などの新しい結合」という考え方を基本とする。この中でも，常に存在する「既存の知」同士を新たに束ね直し，別の既存の知と組み合わせることで「新しい知」を得ることがイノベーションの本質と考えられる。

　組織におけるイノベーション理論においては，「探索（Exploration）」と「深化（Exploitation）」をバランスよく進めることが重要とされ，いわゆる「両利き（Ambidexterity）の経営（ジェームス・マーチ［1991］）」とも称される。既存の何かと何かを組み合わせる探索は，例えばある疾患に用いる医療技術を，その他の疾患へ応用すること，などが考えられる。一方，知識や技術の精度を磨き継続して深める深化は，専門分化しより精密な診断や治療の精度を目指すものであるといえる。

②医療における探索型イノベーションの重要性

　機能分化，専門分化が進む医療では，専門性を突き詰め精度を高めることが患者の利益に直結するとの考えから，いわゆる知や技術の「深化」に重きが置かれやすい。一方，多くの医療提供者が陥りやすい罠でもあるが，専門性の追求が行き過ぎると，他の領域についての知識や技術への理解が疎かになる傾向も存在する。例えば，医療機器メーカーの担当者が全く医療現場を知らずに開発を行っている場合も多い。また，医療現場は最新の技術についての情報を得ることなく，また他の施設と自分たちの施設を比較することもなく，漫然と非効率に業務を行っている場合も多いであろう。

　このような状況が長く続いた背景には，「探索型」のイノベーションを可能とする環境が整備されていなかったことが考えられる。そもそも，医療制度の運営は，その経済的特性である「情報の非対称性」による影響を加味する必要があるが，これまでは情報を共有する制度さえも整っていなかった。今後，ICTのさらなる発達に伴い，さまざまなリアルワールドデータベースが整備され適切に利活用されることは，医療におけるイノベーションを知識や技術の「探索」という観点から，大いに後押しするものと考えられる。

4／リアルワールドデータによるクリニカルイノベーションの恩恵

（1）患者の視点

　リアルワールドデータの活用により多くのアウトカムが検討され，体系的にエビデンスが構築されることは，経験や慣例のみでなく，客観的な分析により認められた，より確率の高い安全な医療が提供される一助となる。患者となる国民にとっては，その時点で最良の医療を選択できる可能性が広がることを意味するものでもある。

　一方，患者自身も，今後は医療提供者により提示された選択肢の中から，自分の価値観や生き方などを加味し，医療者と協働して自らの治療方針を選択し

てくことが求められている。エビデンスが集約された診療ガイドラインやディシジョンエイドを活用することで，受療行動における意思決定に役立てることが可能となる。また，自分自身の健康管理に関しても，PHRなどの利用により「健康でいることが最もコストが低い」という考えのもと，健康リテラシーを高めることで，効率的な医療の提供に国民自身が寄与することが可能となる。

（2）医療提供者の視点

各々の医療機関においては，リアルワールドデータを分析し，客観的な調整済みアウトカムを医療施設ごとに比較することで，個々の施設が提供している医療の質を推進することが可能となる。臨床指標を用いた客観的な評価方法や第三者機関による評価体制が実現すれば，診療報酬制度における優良な施設への上乗せ支払い制度の議論も活発になるであろう。また，医療における情報の非対称性を起因とする医療への不信感の払拭に貢献するとも考えられる。

一方，医薬品，医療機器メーカーにとっては，リアルワールドデータを地域ごとに詳細に分析し，地域ごとの疾患別罹患率を明らかにすることにより，どの地域にどの程度の医薬品や医療機器の需要が存在するかを把握することが可能となる。これにより，より精度の高いマーケティング活動が可能となるであろう。また，新薬や新規医療機器についての精密な臨床データを集積していくことは，その後の開発に大いに役立つものであるとも考えられる。

（3）保険者・行政の視点

2025年を目標に進められている地域包括ケアシステムの構築は，いわば地域ごとに需要を予測し，それに見合った医療・介護提供体制の実現を目標とするものである。その主体は保険者としての役割も担う行政や自治体であり，地域ごとに医療計画や医療政策を立案もその範疇となっている。

実際には，すでに地域医療構想の策定などを通じてリアルワールドデータ活用は始まっているが，今後はより詳細な分析により，地域ごとの代表疾患の罹患率および人口動態に見合った患者動向の推測などにより医療・介護需要の予

測が期待される。これにより，地域の実情に即した医療・介護提供体制の構築が可能となり，しいては医療・介護費用の過度な上昇抑制につながるものであると考える。

5 今後に向けて

　本章では，リアルワールドデータによるクリニカルイノベーションの可能性について，医療サービスの価値向上からの観点での考察を試みた。他の産業と同じように，その時流に符合した政策や対応策を立案するための基盤として，広く収集されたデータが活用されることで，医療サービス全体の価値が向上することを期待する。

▶参考文献

公益財団法人ヒューマンサイエンス振興財団［2019］『創薬技術調査報告書Part 2 医療リアルワールドデータの利活用―安全性調査，臨床研究，製造販売承認申請にいかに利活用するか』。

Porter, M. E. & Teisberg, E. O. [2006] *Redefining Health Care: Creating Value-Based Competition on Results*, Harvard Business Review Press. (山本雄士訳［2009］『医療戦略の本質―価値を向上させる競争』日経BP社)

康永秀生［2016］「DPCデータによる臨床疫学研究の成果と今後の課題」『医療と社会』公益財団法人医療科学研究所 26(1)，7-14頁。

Donabedian, A [1980] *The Definition of Quality and Approaches to its Assessment.* Health Administration Press.

March, J. [1991] Exploration and Exploitation in Organizational Learning. *Organization Science*, Vol.2, No.1: 71-87.

Schumpeter, J.A [1934] *The Theory of Economic Development*, Harvard University Press. (塩野谷祐一・中山伊知郎・東畑精一訳［1977］『経済発展の理論―企業者利潤・資本・信用・利子および景気の回転に関する一研究』岩波文庫)

第**4**部
イノベーションを生む市場

第13章

市場メカニズムにおける企業家
―その機能と意味

1／企業家の経済学

　経済発展における起業家精神というコンセプトは古い。起業家の心性を説明するこの語は，古くは，企業家精神（entrepreneurship）と呼ばれた。企業家（entrepreneur）は，発展途上の経済の躍進力として，市場均衡の担い手として説明され（I.Kirzner），あるいはイノベーションの担い手として「創造的破壊」をもたらす起業家に焦点が当てられ（J.Shumpeter），企業の新陳代謝・成長を考えるうえで豊かな洞察力を提供するものであり，成熟した先進国の経済において，なお，今日も魅力を失わない。

　経済発展による技術変化，規制緩和，競争，そしてグローバル化は，マーケットにおいて，無数の事業機会を提供し，起業家は常に，市場のアラートとして市場変化に機敏に反応し，事業機会を獲得することで，希少財の商業化に貢献した。

　シュンペーターによって著された企業家に対する4つの論文（1928～1947）から，企業家精神に関する彼の考え方を探ると，1つの注目すべき点は，「創造的破壊」という経済発展に内包される重要なプロセスを明確化したことである。「創造的破壊」というコンセプトは，企業家精神と相互に関連しつつ，現代においても広い分野で使われている。

　近代経済学においては，あるいはマルクス経済学においても，その経済理論

においては，生産活動の営利性や価格決定のプロセスをさらに自動的な「もの」として，自律的な市場原理の解明に注意が注がれた歴史がある。

　しかし，時代がたつにつれ，近代経済学の発展とともに，価格メカニズムの解明にあたり，市場における計画，交渉，交換に至るプロセスを分析的なフレームワークによって説明されることにより，市場経済における交換の「主観性」が排除された。起業活動や，事業経営が個人事業の成功や失敗に対して果たす，起業家（古くは企業家）が果たす価格機能の「動力」を市場メカニズムの説明から捨象してしまったという悲劇がある。

　この点，ミルは古くから生産過程における指示機能を重視し，たいていの場合それには「非凡な技能を必要とする生産者」に期待されるものとした。このとき，ミルは，「アントレプレヌール」（entrepreneur）というフランス語に対応する適切な英語が存在しないことを悔やんだといわれる。これが，英米で発展した近代経済学と大陸型を分けたと筆者は考えている（当時フランスにおいては，土地資源の利潤獲得のプロセスとして，企業家の機能に注意が払われていた）。シュンペーターの「ミル批判」として知られるところである。

　自己資本に対する利益，リスクに対する報酬を生産要素として捉えた大陸型の重農主義，とりわけ，ケネー，カンティヨン，の生産要素に対する分析は，18世紀半ばの英米型の市場メカニズムに対するアプローチとは異なっていた。この違いを敏感に察知していたマーシャルは後年，『原理』［1890］において，「事業経営」（business management）という言葉を好んで用い，企業の経営における資本利用と利潤獲得のプロセスを市場メカニズムに織り込み，大陸型経済学のアプローチとの接近を図った。

　土地資源のレンタルについて，レント（rent）概念の理解が進んできたのは，土地の所有者と農業生産者が明確に区別された18世紀の時代に遡る。同様に企業家と資本家の区別が19世紀後半の大陸型経済学において明確になった背景は，企業金融の方法の変化によって，資本家ではあるが，企業家（事業経営者）ではなく，または企業家だが，資本家ではないという例が急増した時代に遡る。専門経営者が企業の事業領域を確定し，資本の内部配分と収益の還元を行う機

能が注目された時代がそれにあたる。この時代，企業金融の機能が，企業の成長と巨大化を促進した。企業家の取り扱いは，市場機構の変化，資本主義経済の発展形態とともに，その意味は変化し，理論化を悩ませてきた。

　大企業の所有者が資本家であり経営者であるという企業形態は，19世紀の後半までは比較的主流であったが，20世紀には明確に分離された。

　事業を形式的に所有していること（プリンシパル）と，内部の資源配分に従事する経営者（エージェント）の区別は，前述のマーシャルの理解に照らし，現在の企業において，単純に，資本家と企業家を区別することと等しい。

　これは，事業を所有することは，必ずしも企業経営にとって必要がないことが明らかになったバーリとミーンズによる帰結［1929］とも矛盾しない。

　それに伴い，広い意味で経済学はこれら2つの機能を分化させ，特に古い意味で企業家，つまり現代の経営者が果たす機能について，それまで以上に関心を向けるようになった。

2／企業家の機能

　現代における経営者の分析と古い意味における企業家の分析は，企業内部の資源配分に主眼を置く狭義の経営者のものとは異なる。マーシャル的な定義によれば，「企業家」は，大陸型のアントレプレヌールに代わる意味合いが込められ，市場の資源配分の行為者としての位置づけが「事業経営」の用語の中に織り込まれていることが明白だからである。

　企業家は企業の中に存在している。特にこの意味合いで見た古典的「企業家」には，現代の経営者とはもう1つ現代に影響を与える異なる側面がある。企業家の利益とリスク理論が現代にも生きた化石にように残っており，DCF法にみられるように投資判断を時価で評価する手法が現在においてなお有効な点が挙げられる。

　もし，資本の提供，企業家の資金需要と企業内部の資源配分機能における経営上の特徴的な機能でないとすると，リスクを負うこともまた，企業家の主要

な機能ではなくなる。この点，企業家の機能は，単なる企業内部の資源配分とステークホルダーとの配分を扱うものではないことがわかる。マーシャル的な「事業経営」は，リスクを負うのも企業家であり，事業の失敗によって自己資本を失うのも企業家である。

　企業家が固定金利で資本を借り入れ，事業がいかなる結果に終わろうとも，資本家に対して損失を保証しようとする場合，それが可能なのは，事業が失敗しても債権者である資本家の請求に応じられるだけの資産を別に所有している場合に限られる。しかし，この場合は，自己の資産をリスクにさらしている点，企業家の負うリスクは，経営者のリスクとは異なる。自身も資本家であり，経営者としてではなく，資本家としてリスクを負って事業を遂行する主体が企業家というべきである。

　リスクの負担から考えた企業家の側面だけでなく，企業家の機能についての現実的な理解を得るうえで，よりどころとなるもう1つの見地は，旺盛な企業家活動の結果として得られる利益の性質や源泉を分析することによって明確にする手法がこれにあたる。

　十分な数の事業成功例を集めて，その原因を解明するとすぐに気がつくのは，すでに確立された分野や手法での事業活動では，既存の期待収益率以上の大幅な収益（超過利潤）を上げることはほとんどできないという点である。

　一般に，市場経済における市場均衡に向かうにつれ，商品の価格シグナルが十分に機能するようになると，企業の収益率は既存の資本効率は価格と等しくなるまで低下する。リスクフリーの状態となった市場においては適正な利潤は時間経過にかかる対価しか残らない。ほとんどすべての産業は，市場の成熟とともに，収益率は逓減する。その果て，大きな余剰利益は新しい産業や新しい手法を採用した産業や企業で生まれるのが通例で，特にその分野に一番乗りした企業によって実現されるものである。このような企業は古典的に議論されてきたアントレプレヌールの機能そのものであり，現代においてもその機能を市場メカニズムの解明の中に織り込むことは，科学的な立証を待たねばならないものの，有効な解釈であると考えられる。

　また，企業家にはっきりとした機能があり，この機能の行使で確固たる収益が上げられるとするとき，筆者は企業家の機能としての利潤追求の機能，価格シグナルの受け手として，市場の参入，退出を決定する機能を考えている。

3／市場経済における企業家

　企業家，とりわけ現代における企業家をマクロな視点で観察し，企業家精神を促進しうるインフラストラクチャーには，(1) 新技術の合法化，規制，標準化のための制度的取り決め，(2) 基礎的科学知識，資金調達メカニズム，および有能な労働力の公共資源の授与，ならびに (3) 独自の研究開発，民間の企業家企業による製造，マーケティング，流通の機能により，イノベーションを利益のために商品化する機能がある。これらの企業家の構成要素（コンポーネント）の重要性を実証しようとするとき，それらは企業家精神に対する外部性として扱われてきました。これらのコンポーネントを単一のフレームワークに組み込むことで，さまざまなアクターと機能がどのように相互作用して起業家精神を促進および制約するかを体系的に調べることが可能となる。

　個々の企業家にとってのリスク，時間，およびコストが，企業家精神のための市場機構の制度全体の動向によってどのように大きく影響されるかを理解することは，市場を取り巻くファンダメンタルズの分析によって可能となる。

　成長過程における企業家の地位は，前述のように古くから十分認識され，広く受け入れられているが，理論的文献では，一般には取り入れられていないことは注目に値する。既存の市場における商業上の習慣や慣行から大胆にかつ，創造的な逸脱者としてのシュンペーター的な意味での企業家は，新製品の新しい工程を導入し，新しい市場に進出し，そして新しい組織形態を創造するための機会を市場の中で常に探索している。企業家は，広い意味で独立したイノベーターであり，企業家の活動としてのイノベーションは資源利用の効率を模索した結果に表れる現象に過ぎない。

　革新的な企業家がしばしば生産的な貢献，すなわち，既存市場において効率

的かつ収益に直ちに結びつかない活動を行うことはよく知られているところである。それゆえ，市場原理の分析からその機能を発見することが最も難しい機能の１つでもある，とりわけ比較静学のアプローチからは価格シグナルを捉えて市場に参入する機能の他は，ほとんど分析が不可能である。

　古典派のアプローチの中に再び企業家の活動に息を吹き込んだ人物は，ナイト［1921］である。「ナイトの不確実性」は，予測が不可能な市場における企業家の利潤獲得のプロセスを説明するためのフレームワークであった。

　新しいビジネスを興す，新商品や新生産プロセスを開発する，組織の大きな変革を図る等の活動には，大きな不確実性やリスクが伴う。とりわけ新しく開業した企業や中小企業の場合，既存の大企業に比べ，長期的には需要の成長が見込めても短期的には需要が大きく変動することが多い，また平均して財務体質が弱く収益率が低いため需要の変動への対応力が弱い等の特徴がある。また金融取引規模が小さい場合，資金の取り手の信用力を判別するための情報生産コストは（取引量１単位当たりで）増大するので，信用調査を十分に尽くすことが難しい。

　こうした理由で，たとえ優れたアイデアを持つ起業家が存在していても，その借入に対して，資金提供者は高いデフォルトを恐れて貸付に躊躇する側面がある。その結果，事業計画が実現しない可能性も大きい。

　しかし歴史的には，金融資本市場の高度化がこれらの障害を軽減してきている。契約上の工夫，フィンテックの普及による信用情報の発達，情報通信手段の進歩，担保資産を流動化する市場の拡大，リスク分散方法の発展，借り手企業のマネジメントに対する監視や助言機能の強化等により，貸付者は借り手企業に対するスクリーニングやモニタリングをより良くできるようになった。そのことが借り手企業の企業価値を増大させ，貸し手はより確実に返済を得られるようになっている。言い換えれば，よく機能する法制度の整備，専門化・分化した各種金融市場の発達，情報生産機能の向上等が，資本市場における起業家に対する円滑な資金供給を可能にするのである。

　バブル崩壊後の日本では，2008年のリーマンショックを含め，金融システム

不安が何度か起きた。それは，金融機関借入に依存する割合の高い中小企業の
活動に深刻な影響を与えてきた。

　しかし最近は不良債権処理も大きく進み，金融機関は中小企業との金融取引
についてリレーションシップ・バンキングを重視するなど積極的な姿勢を取り
始めている。こうした局面を捉えて金融資本市場の高度化を多角的に進めてい
くことが，企業家活動をより活性化させるうえで，不可欠かつ効果的な条件と
なろう。

4 イノベーターとしての企業家

　前述したように，成熟した経済において，市場の収益率が低下することをし
たが，既存市場においてルーティン化された事業形態においてイノベーション
をいかに起こすかという点は，日本において企業家の機能に期待する面も大き
いと考えられる。標準化された企業経済の中においては，経済的利潤は超過利
潤を持たない傾向がある。しかしながら，イノベーションのプロセスを考える
とき，サンクコストが重要性を持つときには，それは参入の障壁となり，超過
利潤（リスク・プレミアムを考慮した競争的利潤）を保つ傾向にある。それは
企業家に対する報酬だけでなく，市場全体の超過利潤を保つことになる。

　企業のR&D活動が販売活動や保全活動と同じように標準化されたとする。
標準的な方法により，参入退出が自由な経済においては，長期的にはリスクフ
リーのもとで，利潤は0に限りなく近づく（自然利子率）。イノベーションは，
脱均衡状態であり，いかなる標準化された活動よりも，よりダイナミックに経
済的利潤を生み出す大きな能力を企業に与える。市場の圧力は，各企業がイノ
ベーションへの投資を利潤最大化する水準にまで引き上げ，参入者の投下費用
が十分に上昇し，埋没コストとなる水準まで参入を阻止する価格形成を可能に
するはずである。

　一企業の収益性は，サンクコスト（埋没費用）の大きさによってかなりの影
響を受ける。なぜならば，費用を埋没させる必要性が純粋な形で退出と参入を

構成するからである。サンクコストは参入と退出を決定する決め手となるのである。

　また，新規市場における，「創造的破壊」の担い手，すなわち，経済発展としてのイノベーションは，企業家の脱均衡的な活動によって模索されるレントシーキング（利潤獲得）の結果である。これは，資本市場において調達される投資が，直接的には経済成長に貢献することはよく知られているところである。希少財の生産は，市場規模において小さく，起業の資本サイズは微小であるが，その高い期待収益率と活発な資本市場が初期の市場においては経済成長に重要な役割を持つ。企業家の持つ資本の効率的利用が，企業の収益率を向上させ，市場の量的な拡大と財・サービスの質の向上を可能にする点は，注意深く観察される必要があるかもしれない。

▶参考文献

Kirzner, I. M.［1973］*Competition and Entrepreneurship*, University of Chicago Press.（田島義博監訳［1985］『競争と企業家精神—ベンチャーの経済理論』千倉書房）

Kirzner, I. M.［1997］*How Markets Work: Disequilibrium, Entrepreneurship and Discovery*, The Institute of Economic Affairs.（西岡幹雄・谷村智輝訳［2001］『企業家と市場とはなにか』日本経済評論社）

Vaughn, K. I.［1994］*Austrian Economics in America: The Migration of a Tradition*, Cambridge University Press.（渡部茂・中島正人訳［2000］『オーストリア経済学—アメリカにおけるその発展』学文社）

根井雅弘［2016］『企業家精神とは何か—シュンペーターを超えて』平凡社新書。

J.A. シュンペーター著，清成忠男編訳［1998］『企業家とは何か』東洋経済新報社。

Johansson, D. and Malm, A.［2017］Economics Doctoral Programs Still Elide Entrepreneurship, *Econ Journal Watch*, 14(2):196-217.

Harper, D.［2004］*Foundation of Entrepreneurship and Economic Development*, Routledge.

第14章
日本的な資本市場とイノベーション

1 イノベーションを生む資本市場

　経営における生産要素は，ヒト・モノ・カネ・情報である。これらの要素を市場から調達し，組織内にインプットして，これらを社会が必要としている財やサービスに変え，アウトプットすることが，企業活動の根幹である。

　企業は，生産要素を市場から調達する。しかし，経営に必要なすべての生産要素は，必要とするときに，いつでも自由に，制限なく調達することが可能であるということではない。

　特に「カネ」，すなわち，資本という生産要素は，その調達にさまざまな制約が存在する。例えば，スタートアップ企業であれば，事業に必要とする資本を市場から調達するには，多くの障害が存在するであろう。

　規模が小さく，無名で，信用もないスタートアップ企業は，必要な資本を銀行からの借入で賄おうとしても限度があるであろうし，未上場であろうから，増資や社債発行による調達もままならない。

　このようなことを解消するために，2015年の金融商品取引法の改正により，個人投資家によるインターネットを介した未公開株への投資が可能となったことや，クラウドファンディングなども広まりつつあるが，スタートアップ企業など，イノベーションを起こすであろうと期待される企業が必要とする資本を調達する市場の規模は，それほど大きくないということが現実であろう。

　イノベーションは，「新結合」と邦訳され，その言葉の生みの親であるシュンペーター（Schumpeter, J.A.）は，イノベーションの担い手である企業者が必要とする資本を提供するのは銀行家であり，銀行家は信用創造によってそれを行うとする。

　また，シュンペーターは，企業者と銀行家の役割をはっきりと分けている。「企業者は決して危険の負担者ではない」として，もし事業が失敗したときの損失の負担者は信用供与者である銀行家であるとする。

　ところが，現実では，このように事は進まない。現在の日本において，現実の社会では，危険の負担者は，ほとんどの場合が，企業家なのである。このような状態では，イノベーションを生むことは困難である。それでは，果たしてどのような資本市場が望ましいのであろうか。

2／イノベーションを生むための企業家と銀行家の役割

　シュンペーターのいうイノベーション（innovation）は，「新結合」と邦訳され，経済発展の中で語られる。

　生産するということは，利用できるさまざまな物や力を結合することである。すなわち，生産的諸力の結合である。これを旧結合とすれば，旧結合に対して，新結合とは，生産的諸力の結合の変更を意味しており，これがシュンペーターの定義する新結合，つまりイノベーションである。次に，シュンペーターは，イノベーションを5つに分ける。

- 新しい財貨，あるいは新しい品質の財貨の生産
- 新しい生産方法の導入
- 新しい販路の開拓
- 原料あるいは半製品の新しい供給源の獲得
- 新しい組織の実現

　シュンペーターは，イノベーションの担い手が企業家であるという。シュン

ペーターのいう企業家とは，旧結合の循環の軌道上に存在する「単なる管理経営者」と区別され，新結合を遂行する場合に限って企業者とされる。すでに創造された企業を単に循環的に経営していくのであれば企業者ではなくなるというものである。

したがって，シュンペーターのいう企業者とは，日本において使われる起業家という言葉の意味に近いといえるであろう。旧結合の循環を司る者は，単なる管理経営者と呼ばれ，発展する再生産方式を革新的に実現する者が，すなわち企業家なのである。

原著において企業家は，entrepreneurであり，ジーニアス英和大辞典によると，語源は19世紀のフランス語であるentrepreneurであって，契約者，企業家を意味する。また，enterpriseと同語源との表記がある。

同じくジーニアス英和大辞典によると，このenterpriseの語源は，15世紀の古フランス語のentreprendreであって，「企てる」を意味する。enterは，「中へ」であり，priseは，「取る」や「つかむ」の意であり，「手の中でつかむ」ということから「管理する」や「企てる」が原義とされる。

名詞としてのenterpriseは，事業（venture）や進取の気性，冒険心，企業と邦訳される。事業（venture）に関しては，「困難，冒険的，団体の」という括弧書きの注釈を伴ったうえでの「事業」と訳される。

このようにジーニアス英和大辞典に依拠しながらentrepreneurという単語を見てゆくと，シュンペーターの意図した企業家（entrepreneur）の姿がはっきり浮かび上がるのである。

それは，進取の気性と冒険心を持ち，困難と思われる事業にも果敢に挑戦する企業家の姿である。

次に，銀行家について，シュンペーターは，経済発展における銀行家の役割を重視した。自由な購買力の全供給は銀行家に集中するのが常であるとシュンペーターはいう。続けて，私的資本家たちに取って代わり，彼らの権利を剥奪するのであって，いまや唯一銀行家が資本家であるという。イノベーションという概念において銀行家は不可欠な存在なのである。

　以上が，シュンペーターのいうイノベーションであり，イノベーションを起こすには，企業者と銀行家が存在しなければならない。

　しかし，現実の社会，特に現代の日本の社会において，企業者は，２つの役割を負担しなくてはならない。１つは，進取の気性と冒険心を持ち，困難と思われる事業にも果敢に挑戦する企業家としての本来的な役割である。

　そして，もう１つは，危険の負担者としての役割である。シュンペーターは，企業は，決して危険の負担者ではないとするのであり，もし，事業が失敗したときの損失の負担者は信用供与者である銀行家であるといった。しかし，実際には，損失の負担者は企業家である。

　起業しようと考えれば，事業が失敗に終わった場合の損失の負担者は企業者本人であることを覚悟しなければならない。このようなことでは，イノベーションは起きなくて当然である。

　このように見てくると日本でイノベーションが起きにくい，または，起きないという理由として，企業者による２つの役割負担が挙げられる。この原因と考えられることに，日本の資本市場の特殊性がある。その特殊性とは，間接金融ということである。

3 日本的な資本市場における間接金融

(1) 間接金融とは何か

　日本の経済制度のうち，特に資本市場に着目し，その特徴的なことを言い表す言葉を探すとすれば，それは，間接金融であろう。さて，この間接金融という制度は，いったい，どのようなことであろうか。

　間接金融とは，企業が，必要とする資金を市場から調達するにあたり，外部の金融機関からの借入によって行うことをいう。この間接金融の対義語が直接金融であり，資金需要者である企業が，株式や債券の発行によって資金共有者から直接に資金を調達することをいう。

　要約すれば，企業と，資金の出し手である主体との間に，銀行などの金融機関が介在しているか否かということである。また，ここでいう資金の出し手，言い換えれば，資金供給者とは，家計のことである。資金に着目すれば，企業は赤字主体であって，家計は黒字主体である。

　会計学で考えるとすれば，貸借対照表上において直接金融から調達した資金は，自己資本である株式，および，他人資本の社債である。他人資本のうち借入金が間接金融によって調達した資金ということになろう。

　また，資金を調達したい主体と，資金を提供する主体との間に，金融機関が介在していることを間接金融というのであるが，資金を調達したい主体が企業であって，資金を提供する主体が家計である。これは，間接金融を考えていくうえで，重要なことである。資金を提供する主体は，家計なのである。

　家計というキーワードを中心として間接金融を再定義すれば，家計が資金の出し手として，主体的にその資金を調達したい企業を選択することが，直接金融であって，家計が主体的に資金を調達したい企業を選択せず，単に資金の出し手となることを間接金融である，ということがいえよう。

(2) 日本において間接金融が主流となった背景

　ここからは，日本において，間接金融という制度が，日本的経営の特徴の1つであることを確認し，そのうえで，どのような歴史的背景のもとで主流な金融システムになったかということについて述べる。

　まず，日本的経営の特徴について，アベグレン（Abegglen, J. C.）の言った「終身雇用」，「年功序列」，「企業内組合」が挙げられる。しかし，アベグレンが見たことは，第2次世界大戦後，1950年頃の日本でのことであった。

　日本的経営に関する論考に，日本的経営の特徴は，いつ頃に形成されたかというものがある。これは，日本的経営の歴史的形成と呼ばれ，諸説が存在する。江戸期形成説といわれるものにおいては，江戸時代の商家に日本的経営のルーツが見えるとするものや，戦中開発説などがある。

　また，これらの諸説で取り上げる日本的経営の特徴は，アベグレンの言う，

いわゆる日本的経営の三種の神器である「終身雇用」，「年功序列」，「企業内労働組合」ということではない。中心的に論じられるのは，労働市場と資本市場に日本的経営の特徴を見ようというものであって，問題とされることは，その形成時期と根拠である。

戦中開発説の主要な論者である野口悠紀雄は，その著書『1940年体制』において，現在と戦時中との連続性を指摘する。1940年頃に形成された経済体制が現在も連続しているということであり，それを形成する要素として，日本型企業，間接金融，官僚体制，財政制度，土地制度，などを取り上げる。

間接金融については，1930年頃までの日本の金融システムは，いかにも資本主義的であって，直接金融，とりわけ株式による資金調達が主流であったと指摘する。しかし，資源を軍需産業に傾斜配分することを目的に戦時に間接金融に改革されたと野口はいう。そして「間接金融の仕組みは，現在に至るまで，日本の金融システムの重要な特質である」（野口悠紀雄［2010］，9頁）と野口は主張する。

さて，この間接金融という制度は，現在の日本の資本市場においても生き延びているのであろうか。それとも，直接金融にシフトしているのであろうか。

(3) フィナンシャリゼーション

イギリスの代表的な日本研究家であるロナルド・ドーア（Dore, R.）のフィナンシャリゼーションという造語をキーワードに進めてゆく。

フィナンシャリゼーションとは，ドーアによる造語であり，意味するところは，日本における金融化とネオ・リベラリズムの台頭である。

ドーアは，1980年代以降の米英のいくつかの主要な政策の1つに起業家精神の鼓舞を通じての国際競争力強化を取り上げる。これは，いわゆるイノベーションを起こして国際競争力強化を図ることとも同義であろう。

この政策を推進するためには，家計の貯蓄を株式市場，すなわち直接金融の市場に向かわせる必要があり，そのために優遇税制を実施しなければならない。企業の資金調達は，銀行を介した間接金融から直接金融へと重心を移していき，

　その後，いくつかの過程を経て，株主価値が会社経営者の唯一正当な目標であるかのように説かれるようになるということがドーアの主張である。

　このような市場主義化が，日本において，進むのか否かということへのドーアの回答は，日本の市場化は不確実であり，実際の制度の変化や経済行動の変化はそう大きくなかったということであった。しかし，これは2001年のドーアの著書においてのことである。

　それでは，現在の日本において，間接金融という制度は，変化したのであろうか。ドーアのいう市場化の伸展により，直接金融の比重が高まったのであろうか。

4／会社支配論から考察する間接金融

　この節では，間接金融という制度が，現在の日本においても金融システムの重要な要素であるかという問いを検証する。そのために，会社支配論の概念を用いて日本の資本市場の変化を考察することを試みる。

　会社支配論は，バーリとミーンズ（Berle, A.A. & Means, G.C.）による『近代株式会社と私有財産』（*The Modern Corporation and Private Property* [1932]）を嚆矢として，さまざまな議論が展開されてきた。

　会社支配論の対象は，株式を公開している大規模な企業である。対象とする理由は，これらの株式会社が，人々の所得を増やし，豊かさに貢献するが，同時に，社会的費用を発生させるという一面も有する存在であることである。

　この社会に大きく影響を与える大規模な株式会社は，誰により支配されているのであろうかということが，会社支配論の中心的なテーマである。

　会社支配論においては，さまざまな議論が展開されるとともに，多くの実証研究が行われてきた。日本においても同様で，バーリとミーンズ以来の伝統的な調査方法により多くの実証研究が行われてきた。これら日本における会社支配論の実証研究によって，日本の大企業は経営者支配であるという一定の結論が導かれた。

　筆者は，2016年に非金融産業会社総資産上位200社を対象として，伝統的な調査方法である持株比率別分析と所有主体別分析を行った。そして，先行研究における実証研究の調査結果との比較を行った。その先行研究は，1996年に調査された結果であるので，ちょうど20年間の変化を比較するのに絶好の機会となった。

　調査結果から，日本の株式を公開する大企業の株式所有構造は，十大株主について観察すると，いわゆる機関所有であること，および，十大株主への集中度の高さということについては，先行研究の結果と大きく異なる結果ではなかった。

　しかし，十大株主を構成する機関そのものは，大きく変容した。1996年に行われた先行研究の調査結果では，都市銀行と生命保険会社が十大株主の多くを占めていたが，今回の2016年調査では，外国人機関投資家と資産管理信託銀行が大きな勢力となった。

　さて，この実証研究の調査結果は，本章のキーワードであるイノベーションや資本市場，間接金融について，どのような示唆を与えるであろうか。それは，次のようなことであると考える。

　外国人機関投資家や資産管理信託銀行の多くは，株主名義上の株主であって，実質的な株主ではない。特に，最大の株式所有機関と判明した資産管理信託銀行は，まさしく実質的な株主ではなく，株式名義上のみの株主であって，その背後には実質的な株主が存在する。

　資産管理信託銀行の背後に存在する最大の実質的な株主は，GPIF（Government Pension Investment Fund：年金資金積立金管理運用独立行政法人）等の機関である。

　しかし，このGPIFは，国民の年金資金積立金の約25%を国内株式で運用しているのであって，実際の資金を支出しているのは，日本の国民である。すなわち家計である。

　ここで資金の流れに着目する。実際の資金の支出者である家計，すなわち黒字主体である家計から，赤字主体である企業への資金の流れは，先行研究の実

証調査が行われた1996年当時は，都市銀行や生命保険会社を介して，企業に貸付金として流れていたのであろう。すなわち間接金融である。

　それでは，2016年の調査結果から見えてきた資金の流れはどのようであろうか。株式を購入しているのであるから，直接金融といえるであろうか。

　この章の第3節で論じた間接金融の再定義によれば，家計が資金の出し手として，主体的にその資金を調達したい企業を選択することが，直接金融であるので，株式を購入したとしても，これは，直接金融とはいえない。家計が主体的に資金を調達したい企業を選択せず，単に資金の出し手となっているのみなので，間接金融である。

　さて，本章で取り上げた大きな問いの1つは，日本の資本市場は大きく変化し，間接金融から直接金融にシフトしているかということである。この問いに答えるならば，日本の資本市場は，依然，間接金融が中心であり，資金の流れは，野口悠紀雄が論じたように，戦中から大きくは変わっていないように思えるということである。

　それでは，このような間接金融中心の資本市場は，イノベーションにどのような影響を与えるのであろうか。

　シュンペーターは，イノベーションを起こす企業家とその資金を提供する銀行家の役割を明確に区分した。それは，危険を負担するのは銀行家であり，企業家は危険を負担しないということである。

　間接金融は，実質的な資金の支出者と資金を必要とする企業者との間に，さまざまな機関が存在する。実質的な資金の支出者も，そして企業者との間に介在する機関も，危険を負担する銀行家の役割を引き受けることは不可能である。

　また，間接金融は，最終的資本供給者である家計が自己責任を持たない仕組みである。企業家精神がリスクのある事業へのチャレンジであるとすれば，リスクを負担する株主が対応しなければならない。銀行の預金は，元本と利息を約束する仕組みであり，資本供給にリスクの負担が存在しない。したがって，銀行に依存した社会ではイノベーションを起こすベンチャー企業は誕生しないのである。

　実質的な資金の支出者である家計は，危険を負担する銀行家になることはできない。そして介在する機関は，家計をプリンシパルとすれば，あくまでエージェントにすぎない。これらの機関も危険を負担する銀行家ではないのである。

　このようなことから，企業家は，2つの役割を担わなければならないのである。その役割とは，進取の気性で冒険的な事業に果敢に挑むことであり，また，事業が失敗に終わった場合の危険を負担することである。この矛盾した2つの役割を担わなければならない企業家にイノベーションを起こすことができるであろうか。

　しかし，われわれは，イノベーションを起こすべく，どのような制度を設計すべきかという問いに対し，果敢に挑戦を続けなければならないのである。

▶参考文献

伊藤光晴・根井雅弘［1993］『シュンペーター——孤高の経済学者』岩波新書。

Berle, A. A. & Means, G. C. ［1932］*The Modern Corporation and Private Property*, Macmillan.（森杲訳［2014］『現代株式会社と私有財産』北海道大学出版会）

小谷義次・置塩信雄・池上惇編［1991］『マルクス・ケインズ・シュムペーター——経済学の現代的課題』大月書店。

Abegglen, J. C. ［1958］*The Japanese Factory: Aspects of its Social Organization*, Free Press.（山岡洋一訳［2004］『日本の経営〈新訳版〉』日本経済新聞社）

Schumpeter, J. A. ［1912］*Theorie der Wirtschaftlichen Entwicklung.*（塩野谷祐一・中山伊知郎・東畑精一訳［1977］『経済発展の理論——企業者利潤・資本・信用・利子および景気の回転に関する一研究（上）（下）』岩波書店）

J.A.シュンペーター著，清成忠男編訳［1998］『企業家とは何か』東洋経済新報社。

野口悠紀雄［2008］『戦後日本経済史』新潮社。

野口悠紀雄［2010］『1940年体制——さらば戦時経済〈増補版〉』東洋経済新報社。

経営学史学会監修，三戸浩編著［2013］『バーリ＝ミーンズ〈経営学史叢書5〉』文眞堂。

Dore, R. ［2000］*Stock Market Capitalism:Welfare Capitalism, Japan and Germany versus the Angro-Saxons*, Oxford University Press.（藤井眞人訳［2001］『日本型資本主義と市場主義の衝突——日・独対アングロサクソン』東洋経済新報社）

第**15**章
世界の金融市場と
破壊的イノベーション

1／破壊的イノベーション

　金融市場において，「破壊的イノベーション（Disruptive Innovation）」[1]の取り組みが進展しつつある。クリステンセンほか［2014］の理論を簡約すれば，「破壊」とは，経営資源の少ない小企業が，既存の有力企業に挑んで成果を上げる過程のことであり，「破壊的イノベーション」が起きうるのは，ローエンド市場あるいは未開拓市場においてである。大企業が看過したセグメントで相応の機能性や低価格の優位性で地歩を固め，後に上位市場に乗り込み，優良企業の主要顧客層が求める機能性を提供し，次々とその製品・サービスが購入されるようになると破壊が起きたといえる。未開拓新市場では，ゼロから市場を創造する。すなわち，無消費者か条件が整わずに消費が困難な非顧客層を顧客に変えるのである[2]。

　2018〜2019年の金融市場においては，テクノロジーを金融に活用したフィンテック（FinTech）活用のイノベーション活動が著しい。鍵となる技術には，人工知能，ビッグデータ，ロボット，IoT（Internet of Things），ブロックチェーンおよび分散型台帳技術（Distributed Ledger Technology）がある。ブロックチェーンは，最低限の解説をしておくと，2009年にビットコインの基盤技術として誕生した。中央機関の介在なく暗号資産（かつての名称は仮想通貨）を発行し，送信のみを意図した技術であった。その革新性は，取引情報の

改竄防止や二重取引を防止し，記録の連続性が可能となるものであった。また，2013年に誕生したEthereum（イーサリアムと呼ぶ）という技術は，さらに，取引契約の自動実行機能を装備していた。しかし，現在金融機関が活用している分散型台帳技術は，以上のような革新性を持ちつつも，企業用途に設計されて，むしろ中央機関を置き，取引台帳を権限者のみ分散共有するものである。現在では多様な主体による多様なインフラ基盤が製品化されているので詳しくは，三菱総合研究所の資料を参考にして欲しい。上記のような鍵となる技術を活用してFinTech企業，メガテック（大手IT企業），プラットフォーマー（GAFA：グーグル，アップル，フェイスブック，アマゾンなど巨大なIT企業のことを呼ぶ）や大手小売業者なども現業ビジネスの一部または金融業として参入し，金融機関自身も創造的破壊者（Creative Disruptor）の担い手となっている。金融市場は，金融業，保険業，証券業，株式市場および業界間を横断する金融系インフラを含む金融業界の取引の場として領域の境界が曖昧になると同時に拡大を続けており，また電子商取引の決済も広がっている。そうした中で，2019年現在，金融サービスのイノベーションはどのように進展しているのだろうか。

　金融のイノベーションが発生しうるのは，多く，ニッチ（隙間）や非効率（摩擦）があり解決するキーテクノロジーやアイデアを必要とする領域である。まず金融業の機能を定義しておく。金融業の機能には，金融仲介機能，信用創造機能，決済機能の3つがある。第1の金融仲介機能は，資金を貸したい者（投資家）から融資を受けたい者に資金を仲介する機能である。金融機関にとって融資利ざやが収益となるが，この仲介機能には本来の原価コスト以外に情報調査，資金変換，与信リスク管理等の取引コストがかかり，借り手にとって割高な手数料となっていた。この領域には，金融機関を通さず資金の貸し手と借り手をインターネット上でマッチングを行うP2P（ピア・ツー・ピアと読む）レンディングが実現している。さらに，このP2Pに人工知能やビッグデータを組み合わせた信用リスク測定が可能となったため，業務の自動化や省力化によりコスト削減が実現できる。このことは金融機関の仲介機能という付加価

値が低下するとともに，新規事業者の参入障壁が低減することを意味する。

　第2の信用創造機能は，預金と貸出（融資）を循環させることで預金を増やす機能である。現在は資金余剰であるため，預金金利（コスト）と貸出金利（収益）の差（預貸利幅）は大幅低下し資金運用が困難になっている。つまり，

図表15－1　金融の業務別とFinTechとイノベーションの分類（2018年3月時点）

業種	業務	FinTech分類	参入一例	イノベーションの4分類	破壊性
共通インフラ	ブロックチェーン/分散型台帳	ビットコイン・送金・暗号資産・貿易金融・証券取引所・シンジケートローン・国際送金・商品購買決済	bitFlyer（日本）メガバンク多数（米国・欧州・アジア）	インフラ	大
	API	OpenAPI	各国多数	インフラ	大
共通ミドル	業務効率化	RPA	RPA Technologies（日本）	プロセス	中
共通フロント	資産管理	口座管理	MoneyForward（日本）	プロセス	中
	シェアエコノミー	シェアエコノミー	Uber（米国）	ソーシャル	大
	UI/UX	UIの進化系	Amazon（米国）	ソーシャル	大
	SNS金融	SNS連携金融サービス	WeChatpay（中国）	ソーシャル	大
	高度な本人認証	認証プラットフォーム	NEC，富士通等（日本）	プロセス	中
銀行	預金/貸出	P2Pレンディング	拍拍貸（中国）	プロダクト	小
		外部データ活用レンディング	Freee（日本）	プロセス	中
	決済（小口）	電子マネー	JR東日本	プロダクト	小
		モバイル決済	Alipay（中国）Paypay	ソーシャル	大
アセット管理	投資信託	AI投信	Alpaca（日本）	プロダクト	小
	投資顧問	ロボアドバイザー	Betterment（米）	プロダクト	小
	〃	コピートレード	motif Investment	プロダクト	小
証券	市場分析	データ分析・市場予測	Genscape（米国）	プロダクト	小
	公開引受け	クラウドファンディング	Crowdfunder（米国）	プロダクト	小
	個人投資家向けサービス	証券マーケティング	IBM（米国）	プロダクト	小
保険	データ収集/分析	テレマックス保険	Discovery	プロダクト	小
	小規模保険	P2P保険	Friendsurance（独）	プロダクト	小

出所：大和総研［2018］，1頁，18頁の分類方法を参考にして，各企業のHPか筆者見解を加え作成。
　　　イノベーションと破壊性の分類については，あくまで筆者の私見である。

有効に機能しなくなった信用創造のビジネスモデルの分野にニッチ（隙間）が見出される。

　第3の決済機能は，預金口座をベースに預金通帳やICカードを使って店舗窓口やATMを通して振替送金をする機能であり，現金決済よりも安全であるという価値に基づいている。しかし，モバイル・デバイスとアプリ決済の普及とSNSのソーシャルネットワークによる利便性という価値を重視した小口決済の手段が，ATM決済に勝ったビジネスモデルであるため，ここにニッチ（隙間）が見られる。

　また海外送金においては，多くの金融機関を仲介し手数料が高く時間がかかるという非効率（摩擦）が存在する。この分野では，民間銀行が国際送金，送金決済，シンジケートローン，証券取引所，貿易金融，および商品購買決済のインフラにブロックチェーン/分散型台帳の革新性に期待したイノベーションが進められている。本章で紹介する各国の先端事例を見れば，FinTechがもたらす革新的なビジネスモデルは，革新的な技術だけでなく，生活者のニーズや各国政府の方針や規制によって特徴づけられていることが分かる。このニッチ（隙間）や非効率（摩擦）の大きさは，先進国と新興国では異なる。なお世界の金融市場における業種別業務別でみたFinTechやイノベーションを**図表15－1**の通り整理したので参考にしてほしい。

2／新興国金融市場のイノベーション

①アフリカ・ケニアの「M-pesa」

　ケニアでは銀行口座浮遊率が40％以下だが，送金を対象としたモバイルマネーサービスの普及がめざましい。2015年ケニアの総人口約4,500万人の約半数の成人がモバイル資金口座（電話のSIMに貯める）を利用している。これにはボーダーフォングループが展開するM-pesaの寄与するところが大きい。現在では，M-pesaの代理店等がケニア全土に展開され，2015年12月時点で約1,900万人が登録ユーザーである。M-pesaの利用方法は，身分証明書を確認し，口

座を開設後，代理店等で現金を口座にデポジットする。送金時は，携帯電話の
SMSをベースにしたアプリケーションによって送金する。従来銀行口座を保
有できなかった層に，このサービスは急速に浸透し，モバイル金融は急成長し
ている。

②ウルグアイの「eペソ」

　2017年11月，南米のウルグアイの中央銀行が「法定デジタル通貨」「eペソ」
を半年間の期限付きの試験的運用として発行した。この試みは，国営通信会社
ANTELの携帯電話利用者1万人を対象に，通貨ペソと同じ価値で発行された
ものであった。保有者は個人間の決済（P2P）や商店での買物決済において，
スマートフォンや携帯電話に専用のアプリを使い，国営決済会社Red Pagosの
口座にデジタル通貨をチャージすれば，利用できるというものであった。

③中国の「Alipay」と「Wechat Payment」

　中国，タイ，マレーシアなど銀行口座保有率が40〜80％の市場では，オンラ
インプロバイダーは，クレジットカードを使用せずに商店や消費者間の電子商
取引決済が進められた。中国のアリババ集団（阿里巴巴集団）は，ECサイト
事業と物流事業と金融事業を関連させて成長してきた。グループ企業であるア
ントフィナンシャルが提供するモバイル決済サービス「Alipay」というエスク
ローサービス（商品の仲介サービス）は中国に浸透し，世界最大級の決済サー
ビスに成長している。これは，中国13億人を支える社会インフラになったこと
を意味する。アリババは，実質的な資金量はメガバンクと肩を並べている。
「Alipay=支付宝」と「テンセント（騰訊控股）」と「Wechat Pay」はコード
決済を採用している。中国では屋台の店先やタクシーもQRコードを掲示して
いて，何でもスマホで代金が支払える環境になっている。

3 / 先進国金融市場のイノベーション

①英国のチャレンジャー・バンク

　英国は世界有数の金融市場を持ち，FinTechの分野でも強力なリーダーシップを発揮してきた歴史があるが，英国の金融産業は2016年6月のEU離脱の国民投票によって先行きが極めて不透明な状況になっている。しかしそうした状況の中でも，改正決済サービス指令（Payment Services Directive 2）によるオープンバンキングの取り組みやベンチャー企業による新たなアイデアの実施のために法規制を一時的に停止するSandboxの推進，FinTech企業の登竜門であり交流の場であるLebel 39の設立など，英国はFinTech振興に邁進している。英国の四大銀行（Barclays，HSBC，Lloyds，The Royal Bank of Scotland）は，巨費を投じてIT変革を急いでいるが，一方で，いわゆるチャレンジャー・バンク（Monzo，CivilisedBank，Chetwood Financial Revolutなどの企業）が，融資や決済，外国為替といった分野でクラウドや手続きの簡略化によって，市場を開拓している。

②米国の金融市場とイノベーション

　米国は世界最大の金融資本市場であり，FinTech関連のビジネス機会が極めて潤沢である。FinTech起業家を次々と輩出する背景にはスタートアップ企業の勃興と育成を担ういわゆるエコシステムといわれる一連の経済サイクルがある。すなわち，数多くの起業家集団，誕生期の資金を支援するエンジェル投資家やシード投資家，発展期を支援するベンチャーキャピタル，売却や協業などの機会を提供する金融機関や事業企業，さらには周辺の学術機関などがこの経済サイクルを実現している。P2Pレンディング，ブロックチェーンの活用，ロボ・アドバイザーなど多岐にわたるFinTechビジネスのほとんどは米国から全世界に拡大したものである。米国のFinTechエコシステムから1998年に誕生した巨大企業の1つにPayPalがある。PayPalの幹部たちは有望な後進スタート

アップ企業を育成し，米YouTubeのほか，FinTech関連では，融資ビジネスのAffirm，決済サービスのStripe，マイクロファイナンスのKivaなどを誕生させた。こうした社会全体が，スタートアップ企業の勃興と育成を担ういわゆるエコシステムを保有する国は，米国だけといっても過言ではなく，それがこの国の最大の特徴となっている。

　米国でFinTechが盛り上がりを見せたのは，2014年後半以降であり，その背景にはミレニアル世代の需要への対応という面が多分にある。ミレニアル世代は2019年現在19〜38歳で，その第1の特徴は，プライスショッパーということであり，豊富な情報の中で価値を自ら選び取り，対面チャンネルに対して懐疑的なことである。第2に，資産選考におけるリスク回避性の高さであり，預貯金と現金を指向する。米国の金融規制としては，ERISA法（従業員退職所得保障法）とサブプライムローン問題を契機に既存の金融機関が過度のリスクテイクをしないためのDodd Frank法がある。これらの規制により，FinTechを新たな金融仲介チャネルとして肯定的に評価する土壌がつくられてきたのである。2012年に金融当局はProject Catalystというイノベーション実験可能な環境を作るための法規制緩和を開始した。これは英国のSandboxの先駆けとなった。2017年1月にトランプ政権が誕生したが，伝統的な金融機関に対する規制を減らして，大規模金融機関を経済成長の核に据える政策によって，FinTech政策にブレーキがかかる動きがある。しかしながらJPMorgan ChaseやCitibankといった大銀行もFinTechの取り組みには熱心であり，ブロックチェーンの導入を果たしている。

　以下，米国の代表的なスタートアップ企業を見てみよう。Kabbageは，融資審査がオンラインで完結し，審査完了までに数分間しか要さない自動融資システムが評価されている。Lending Clubは，世界最大規模のP2Pレンディングサービスを提供する企業である。融資審査を極力自動化し簡略化することで，店舗網や専門家など審査に伴う取引コストを削減するビジネスモデルにより，低廉な貸出金利を実現している。OnDeck Capitalは，データ分析を通じて中小企業向けのオンラインレンディングを提供している。Stripeは，インター

ネットサイトの開発者向けに決済プラットホームを提供している。

4／ 世界の中央銀行と破壊的イノベーション

　40を超える中央銀行がデジタル通貨（CBDC）発行や，さらに破壊的イノベーションと期待されるブロックチェーン/分散型台帳の活用について，活発に議論と実験が繰り返されており，一部には導入されつつある国も出てきている（世界経済フォーラムレポート2019）。

　以下，主な国の中央銀行の動向を概観しよう。

①フランス中央銀行

　2017年12月にSEPAという支払スキームを，集中型プロセスからプライベート方式だがブロックチェーン/分散型台帳に基づくソリューションに完全に切り替えている。

②東カリブ中央銀行

　2019年3月6日東カリブ諸国が加盟する東カリブ諸国機構の中央銀行は，世界初のブロックチェーンを活用したデジタル法定通貨を2021年に発行することを発表した。

③英国（イングランド銀行およびロンドン大学）

　ロンドン大学の研究者がイングランド銀行との議論を経て，中央銀行のデジタル通貨であるRSCoin発行を提案する論文を2016年2月に発表した。その仕組みは，中央銀行がRSCoin発行の主体となる一方で，中央銀行と消費者との間にミンテッツと呼ばれる複数の組織を介在させ，取引内容の精査，承認および情報管理を委託する。中央銀行は処理を監視し，不適切な処理を行うミンテッツを排除するというものである。いわば暗号資産におけるマイナー（暗号資産の取引の承認や確認などを膨大な暗号計算によって行う組織をいう）の役

割をミンテッツに行わせることのようである。イングランド銀行のカーニー総裁は，中央銀行のコア業務で分散型台帳を活用することを検討する考えを明らかにした（2016年6月の講演）。

④ロシア銀行

2016年10月，Masterchainという分散型台帳を用いた金融情報伝達ツールの試作品を開発したことを公表した。スコロボガトヴァ副総裁は，同試作品について，今後FinTechコンソーシアムにおいて検討を継続し，将来的には次世代の金融インフラに活用を検討すると発言した。

⑤中国人民銀行

中国では，ブロックチェーン/分散型台帳の実証実験を行ってはいなかったが，2016年1月20日にデジタル通貨に関する検討会を開催した。その中で1日でも早く中央銀行がデジタル通貨発行を発表できるように努めるべきことが求められた。

⑥カンボジア国立銀行

2019年後半に金融包摂と銀行システムの効率化を支援する実験として，消費者や商業銀行が使用するために，その国際決済システムにブロックチェーン技術を導入する予定となっている。

⑦シンガポール（シンガポール通貨庁）

銀行間大口取引に分散型台帳を利用する計画を検討中である。たとえば，実験に参加する民間金融機関がシンガポール銀行の特別勘定に資金を担保として差し入れ，その見合いとしてシンガポール銀行が分散型台帳に基づく中央銀行預金証書を発行する。

⑧日本・ユーロ圏（日本銀行およびECB）

　日本銀行とECBが共同プロジェクトとして，ハイブリッドRTGS資金決済を分散型台帳と実データを用い，実現可能か否かを検証した。その結果，現行システムと同等のパフォーマンスがあるが，現時点で分散型台帳はまだ成熟しておらず，日銀ネットのような大規模システムへの応用には適さないことが報告されていた。

5 日本の未来の銀行への示唆

　金融イノベーションの実情を見てきた。これまで金融サービスが十分普及していなかった途上国や新興国でも，むしろ十分普及していなかったからこそスマートフォンなどを利用した新たな手法の金融サービスが急速に広がっている。金融機関におけるブロックチェーン/分散型台帳技術といった破壊的イノベーションの取り組みは，まだ緒についたばかりではあるが，その動きは加速度的である。乗り遅れた場合には致命傷になりかねないのが破壊的イノベーションの特質である。ただ日本の金融市場における破壊的イノベーションの進捗状況は海外に比して遅いといわざるを得ないが，例えば東京オリンピック・パラリンピックを契機に，海外のユーザーが新たな金融サービスの奔流を日本に持ち込むことは十分予想される。クリステンセンらが自ら「破壊理論はイノベーションに限っても，決してすべてを解き明かすことはない」[3]と言うとおり，世界的に見て金融市場における破壊的イノベーションの影響は未知数である。伝統的な金融機関が異業種の参入者により，新たな金融サービスへの開発意欲を刺激されていることは確かである。日本のメガバンクといえどもブロックチェーンを活用するなど破壊的イノベーションに経営の生き残りをかけて取り組まなければならない日がくるかもしれない。その際，政府も投資家も大企業もイノベーションの投資のジレンマを乗り越え，ダイナミックに世界の金融市場の動向を把握し，そこから解決策のヒントを得ることが重要となってくる。

▶**注**

[1] Christensen *et al.* [2004]，5-6頁。
[2] 同上。
[3] Christensen *et al.* [2017]，290頁。

▶**参考文献**

Christensen, C.M., Anthony, S. D. & E. A. Roth, [2004] *Seeing What's Next: Using the Theories of Innovation to predict Industry Change*, Harvard Business Press. （宮本喜一訳 [2005]『明日は誰のものか―イノベーションの最終解』ランダムハウス講談社；櫻井祐子訳 [2014]『イノベーションの最終解』翔泳社）

Cyn-Young Park & Bo Zhao（Asia Development Bank）[2019] *FinTech and Distributed Ledger Technology: Issues and Challenges Beyond Crypto Assets*, T20 Japan 2019.

上杉素直・玉木淳 [2019]『金融庁2.0』日本経済新聞出版社。

岡内幸策 [2019]『銀行員の逆襲』日本経済新聞出版社。

木内登英 [2018]『決定版 銀行デジタル革命―現金消滅で金融はどう変わるか』東洋経済新報社。

Christensen, C. M., Raynor, M. E. & R. McDonald [2015] "What is Disruptive Innovation?" *Harvard Business Review*, December.（DIAMONDハーバード・ビジネス・レビュー編集部編集，有賀裕子訳 [2017]「破壊的イノベーション理論：発展の軌跡」DIAMOND ハーバード・ビジネス・レビュー論文 Kindle版 ＜第1版＞ダイヤモンド社）

城田真琴 [2016]『FinTechの衝撃―金融機関は何をすべきか』東洋経済新報社。

大和総研編著 [2018]『FinTechと金融の未来―10年後に価値のある金融ビジネスとは何か？』日経BP社。

高木聡一郎 [2017]『ブロックチェーンエコノミクス―分散と自動化による新しい経済のかたち』翔泳社。

高口康太編著，伊藤亜聖・水彩画・山谷剛史・田中信彦 [2019]『中国S級B級論―発展途上と最先端が混在する国』さくら舎。

田中道昭 [2019]『アマゾン銀行が誕生する日―2025年の次世代金融シナリオ』日経BP社。

田中道昭 [2019]『GAFA × BATH―米中メガテックの競争戦略』日本経済新聞出版社。

西村友作 [2019]『キャッシュレス国家―「中国新経済」の光と影』文春新書。

King, B. [2019] *Bank 4.0: Banking Everywhere, Never at a Bank*, Wiley.（藤原遠監訳，上野博・岡田和也訳 [2019]『BANK4.0未来の銀行』東洋経済新報社）

Chaia,A., Gloland, T. & R.Schiff [2010] *Counting the world's unbanked*, McKinsey Quarterly March.pdf（2019年7月5日現在）

https://www.mckinsey.com/industries/financial-services/our-insights/counting-the-worlds-unbanked#

World Economic Forum［2019］*Central Banks and Distributed Ledger Technology: How are Central Banks Exploring Blockchain Today?* White paper, http://www3.weforum.org/docs/WEF_Central_Bank_Activity_in_Blockchain_DLT.pdf（2019年7月5日現在）

金融庁HP https://www.fsa.go.jp/（2019年7月1日現在）

三菱総合研究所［2017］「平成28年度我が国におけるデータ駆動型社会に係る基盤整備―ブロックチェーン技術を活用したシステムの評価軸整備等に係る調査　調査報告書」https://www.meti.go.jp/english/press/2017/pdf/0329_004b.pdf（2019年3月13日現在）

全国銀行協会［2017］「ブロックチェーン技術の活用可能性と課題に関する検討会報告書」https://www.zenginkyo.or.jp/fileadmin/res/news/news290346.pdf（2019年7月5日現在）

総務省HP　https://www.soumu.go.jp/（2019年7月1日現在）

日本取引所グループHP https://www.jpx.co.jp/（2019年7月1日現在）

第16章

M&A取引における経済主体の異質性を考慮した交渉モデル

1 わが国におけるM&Aの状況

　近年，経営環境の変化に適応すべく，M&Aを通じた成長やイノベーションの促進を行う事案が多く観察されるようになっている[1]。M&Aとは，他の企業の保有する事業の全部または一部の移転を伴う取引[2]をいう。M&Aもある資産に関する所有権あるいは支配権を移転するために行われる取引であるという点においては，通常の売買と異ならない。しかし，M&Aの対象である企業[3]は，単なる個別財産や債権債務関係の集合体ではなく，それらが組織的かつ有機的に結びつくことによって価値を生み出すものである。この企業が，単なる個別財産や債権債務関係の集合体とは異なる価値を持つ非分割財とすれば，とりわけその取引は複雑な問題となり得る。このように，M&Aは複雑な形式を伴う取引[4]であり，そうである以上，これに関与する各主体は取引の経済的意味をある程度理解していなければ効率的なM&A[5]を遂行することができないであろう。

2 交渉理論によるアプローチ

(1) M&A取引における交渉

　一般的に，M&A取引は，売り主と買い主の経営者の交渉による合意のもとになされる[6]。この同意をめぐる交渉は，企業の経営者[7]に一任されており，株主は経営者によって形成された買収条件を受け入れるか否かの判断しかできない。すなわち，M&A取引における交渉には，経営者に強力な権限が与えられている。こうした経営者の強力な権限は，株主に分配する利益の最大化に合致するように行動していると評価できるのであれば，正当化することが可能である。本章では，簡単化のため利益相反問題が存在しない任務に忠実な経営者であると仮定すると，この任務に忠実である経営者といえどもM&A取引に際して，その判断を迷わざるを得ない場合がある。

　1つは，収益の不確実性[8]に対する株主の選好の違いである。株主の中にはM&Aによる投資の不確実性を嫌う者もいれば，不確実性を甘受してでも大きな利益を得る可能性を追求したいと考える者もいるであろう。もう1つは，時間に関する株主の選好の違いである。一律に株主に分配する利益といっても，いつ利益を分配するかによって株主の効用は変化し，その変化のあり方は，近い将来において資金需要がある株主と，当面資金需要を持たない株主とでは異なるであろう。株主間におけるこのような多様性を踏まえたうえで，経営者はいかなる規範に則ってM&A取引における交渉に対処すべきなのか。

　これらの問いに明確な答えを授けてくれるものがファイナンス理論であり，それは，将来キャッシュ・フローの純現在価値，つまり，企業が将来にわたって生み出す金銭を現在価値で評価したものの総和であり，この考え方に基づいた具体的な企業価値算定手法は，割引キャッシュ・フロー（DCF）法と呼ばれ，企業全体の現時点における理論的価格を表しているものである。

　このように，ファイナンス理論では，将来のキャッシュ・フローの期待値と

割引率が備わっており，M&A取引において，経営者による観察可能な諸事
実[9]から，この2つの値を推定すれば，企業が生み出すすべてのキャッシュ・
フローは，それが将来のものであろうとも，あるいは，それが不確実なもので
あろうとも，すべて現在価値に還元した割引現在価値を特定することができる。
したがって，経営者にとって重要なのは，DCF法に基づく評価で，将来キャッ
シュ・フローの予測と，リスクの2つの要素に大きく左右されるということで
ある。仮に，ファイナンス理論に精通していなくても，このような「将来の予
測」や「リスク」の評価について，経営者間で意見の相違が発生しやすいこと
は容易に想像がつくであろう[10]。

(2) 交渉問題の設定

　ここでM&A取引における交渉問題を(S, d)と表すものとする。Sは，M&A
取引における買い主と売り主それぞれの経営者によって交渉が合意し，実現可
能な各主体の効用の組(x_1, x_2)である[11]。なお，x_1は買い主の効用であり，x_2
は売り主の効用を表す。dは，同じく経営者によって交渉が決裂した場合の各
主体の効用とする。ここで，Sが$x_1 > d_1$で，$x_2 > d_2$となる点(x_1, x_2)を含む
とき，$Max(x_1 - d_1)(x_2 - d_2)$の解$(x_1^*, x_2^*)$を交渉問題$(S, d)$の交渉解であると
する。

　売り主の株式は簡略化のため1単位[12]とし，この将来の価格は確率(p)でa，
確率$(1-p)$でb $(a > b > 0)$となると各主体によって予想されている。ここで，
売り主（以下，数式の添え字は1とする）は，この株式の所有者であり，買い
主（以下，数式の添え字は2とする）はその株式の購入予定者である。各主体
間で交渉が成立すれば，その価格で株式は取引され，交渉が決裂すれば，売り
主はその株式を保有し続けることを意味する。このような株式の取引価格につ
いて，売り主と買い主が交渉することを想定する[13]。

　まず，株式の価格をyとし，各主体がそれぞれに得られる将来の利得[14]につ
いての効用関数をU_1, U_2で表し，U_1, U_2は厳密な増加関数とする。

　ここで，交渉が成立し，買い主が売り主に$b \le y \le a$を支払い，売り主の株

式を手に入れると，各主体の効用は，$U_1(y)$，$pU_2(a-y)+(1-p)U_2(b-y)$ となる。一方，交渉が決裂し，取引が行われなければ，効用は各主体共に $pU_1(a)+(1-p)U_1(b)U_2(0)$ である。したがって，

$$S = C[\{(x_1,x_2):x_1 = U_1(y),x_2$$
$$= pU_2(a-y)+(1-p)U_2(b-y),b \le y \le a\} \cup \{d\}]$$
$$d = (d_1,d_2) = \{pU_1(a)+(1-p)U_1(b),U_2(0)\}$$

として，M&A取引における交渉問題(S,d)を設定する。

　そこで，このM&A取引における交渉問題において，交渉解がパラメータ p,a,b の変化にどのように反応するかを見ていくことにする。当然予想される ように，交渉解の反応は，各主体のリスクに対する選好に依存する。以下の節 では，M&A取引交渉において，各主体で異なるリスク選好を有する場合の利 得変化の特徴について2つのケースについて検討していく。まず，売り主がリ スク回避的であり，買い主がリスク中立的であるケース。次に，売り主がリス ク中立的であり，買い主がリスク愛好的であるケースである。交渉が本質的に 意味を持つためには，リスク資産である株式について，売り主の確実同値額＜ 買い主の確実同値額でなければならず，上の2つのケースはこれを満たすもの である[15]。

3 売り主がリスク回避的で，買い主がリスク中立的で あるケース

　売り主がリスク回避的で，買い主がリスク中立的である，異なるリスク選好 を有る状況を，$U_1''(x) < 0$, $U_2(x) = x$ と仮定する。また，計算の簡便化のた めに，$U_1(b) = 0$ とする。このとき交渉問題(S,d)は以下のように表される。

$$S = C[\{(x_1,x_2):x_1 = U_1(y),x_2 = U_1(y),x_2$$
$$= pa+(1-p)b-y,b \le y \le a\} \cup \{d\}]$$

$$d = (d_1, d_2) = \{pU_1(a), 0\}$$

したがって，交渉解は以下の最大化問題の解(x_1^*, x_2^*)となる。

$$Max\big(x_1 - pU_1(a)\big)x_2$$
$$subject\ to\ \ x_1 = U_1(y), x_2 = pa + (1-p)b - y$$

ここでx_1^*について検討するために目的関数をyについて最大化することを考える。x_1はyの増加関数であるから，パラメータに対する最適解y^*の反応を見ればよい。そこで，$Max\big(U_1(y) - pU_1(a)\big)\big(pa + (1-p)b - y\big)$の1階の条件は，$U_1'(y)(pa + (1-p)b - y) - \big(U_1(y) - pU_1(a)\big) = 0$であり，これより下記の方程式を得ることができる。

$$y = pa + (1-p)b - \frac{U_1(y) - pU_1(a)}{U_1'(y)}$$

上記方程式の右辺であるyの関数$f(y : p, a, b)$を見ると，この方程式の解は，yを横軸とする45度線と$f(y : p, a, b)$の交点であることがわかる。したがって，$f(y : p, a, b)$がより上方にあれば，方程式の解はより大きな値となる。いま，パラメータp, a, bで微分すると以下の通りである。

$$\frac{\partial f(y : p, a, b)}{\partial p} = a - b + \frac{U_1(a)}{U_1'(y)}(> 0)$$

$$\frac{\partial f(y : p, a, b)}{\partial a} = p + \frac{pU_1'(a)}{U_1'(y)}(> 0)$$

$$\frac{\partial f(y : p, a, b)}{\partial b} = 1 - p(> 0)$$

以上より，次の命題を得ることができる。

【命題1】

> 売り主がリスク回避的であり，買い主がリスク中立的な場合，交渉解における売り主の利得および取引価格は，パラメータ p, a, b の増加関数である

　命題1におけるパラメータ p, a, b の増加は，株価の増加を意味するものであり，この結果は直感的にも受け入れやすいものである。

　次に，x_2^* についても同様に検討を加える。x_2^* については，$Max(x_1 - pU_1(a))x_2$ $subject\ to\ x_1 = U_1(y), x_2 = pa + (1-p)b - y$ となり，これを解く際に，$y = pa + (1-p)b - x_2$ であることを考慮すると，$Max(U_1(pa + (1-p)b - x_2) - pU_1(a))x_2$ を解けばよく，その1階の条件は，$-U_1'(pa + (1-p)b - x_2) + U_1(pa + (1-p)b - x_2) - pU_1(a) = 0$ である。これより，以下の式を得ることができる。

$$x_2 = \frac{U_1(\pi - x_2) - pU_1(a)}{U_1'(\pi - x_2)}$$

　ただし，$\pi = pa + (1-p)b$ であり，右辺を x_2 の関数 $g(x_2 : p, a, b)$ とし，パラメータ p, a, b で微分し，$\pi - x_2 < a$ とすると，$U_1''(x) < 0$ であり，U_1' は厳密な減少関数であり，$U_1'(\pi - x_2) - U_1'(a) > 0$ となる。また，$U_1(\pi - x_2)$ は，交渉成立時の売り主の利得となり，$pU_1(a)$ は，交渉決裂時の売り主の利得であるから，$U_1(\pi - x_2) - pU_1(a) > 0$ である。したがって，$\partial a > 0$ および，$\partial b > 0$ となり，次の命題を得る。

【命題2】

> 売り主がリスク回避的であり，買い主がリスク中立的な場合，交渉解における買い主の利得は，パラメータ a, b の増加関数である。

　命題1で述べたように，これは a, b の解釈に当てはまる結果である。同様の

図表16−1 売り主がリスク回避的，買い主がリスク中立的な場合

パラメータ	売り主の交渉解	買い主の交渉解
p	増加	不定
a	増加	増加
b	増加	増加

反応はpについては必ずしも成立しないことが特徴である。

　ここで，本節で分析した，分析結果をまとめると上のようになる（**図表16−1**）。

4 売り主がリスク中立的で，買い主がリスク愛好的であるケース

　売主がリスク中立的で，買主がリスク愛好的であるとして，$U_2''(x) < 0$，$U_1(x) = x$と仮定する。また，計算の簡便化のために，$U_2(0) = 0$とする。このとき交渉問題(S, d)は，$S = C[\{(x_1, x_2): x_1 = y, x_2 = pU_2(a-y) + (1-p)U_2(b-y), b \leq y \leq a\} \cup \{d\}]$，および，$d = (d_1, d_2) = \{pa + (1-p), 0\}$となる。ここで，$U_2(x)$は凸関数であるから，$U_2(a-y) + (1-p)U_2(b-x_2)$上の$(x_1, x_2)$は，$S$のパレート効率集合とはならない。$S$のパレート効率集合は，$\left(a, (1-p)U_2(b-a)\right)$と，$\left(b, pU_2(a-b)\right)$を結ぶ線分である。よって，交渉解は，$Max(x_1 - pa - (1-p)b)x_2$ $subject\ to$ $x_1 = \alpha a + (1-p)b, x_2 = \alpha(1-p) + (1-p)U_2(b-a) + (1-\alpha)pU_2(a-b)$の最大化問題の解となる。

　この最大化問題を解くためには，$Max\{\alpha a + (1-\alpha)b - pa - (1-p)b\} \times \{a(1-\alpha)U_2(b-a) + (1-\alpha)pU_2(a-b)\}$を解けばよく，その1階の条件を満たす$\alpha$は，

$$\alpha = \frac{p}{2} - \frac{pU_2(a-b)}{2\{(1-p)U_2(b-a) - pU_2(a-b)\}}$$

$$\frac{\partial \alpha}{\partial p} = \frac{1}{2} - \frac{U_2(a-b)U_2(b-a)}{2\{(1-p)U_2(-a)-pU_2(a)\}^2} \, (>0)$$

ここで，$U_2(b-a)<0$とすると，

$$\frac{\partial \alpha}{\partial a} = \frac{p(1-p)\{U_2'(a-b)U_2(b-a)+U_2(a-b)U_2'(b-a)\}}{2\{(1-p)U_2(b-a)-pU_2(a-b)\}^2} \, (>0)$$

$$\frac{\partial \alpha}{\partial b} = -\frac{\partial \alpha}{\partial a}$$

となる。まず，pの変化に対するx_1^*, x_2^*の反応は，

$$\frac{dx_1}{dp} = \frac{\partial x_1}{\partial \alpha} \cdot \frac{\partial \alpha}{dp} > 0$$

$$\frac{dx_2}{dp} = \frac{\partial x_2}{\partial \alpha} \cdot \frac{\partial \alpha}{dp} < 0$$

となり，次の命題を得ることができる。

【命題3】

売り主がリスク中立的であり，買い主がリスク愛好的な場合，交渉解における売り主の利得はパラメータpの増加関数であり，買い主の利得はパラメータpの減少関数である。

さらに，a, bの変化について考えると，次の補題が成り立つ。

［補題1］

$U_2'(a-b)U_2(b-a)+U_2(a-b)U_2'(b-a)<0$

$\partial \alpha / \partial a > 0, \partial \alpha / \partial b < 0$ より，

$$\frac{dx_1}{da} = \frac{\partial x_1}{\partial \alpha} \cdot \frac{\partial \alpha}{da} > 0 \qquad\qquad \frac{dx_1}{db} = \frac{\partial x_1}{\partial \alpha} \cdot \frac{\partial \alpha}{db} < 0$$

$$\frac{dx_2}{da} = \frac{\partial x_2}{\partial \alpha} \cdot \frac{\partial \alpha}{da} < 0 \qquad\qquad \frac{dx_2}{db} = \frac{\partial x_2}{\partial \alpha} \cdot \frac{\partial \alpha}{db} > 0$$

となり，次の命題を得ることができる。

【命題4】

売り主がリスク中立的であり，買い主がリスク愛好的な場合，交渉解における売り主の利得は，aの増加関数，bの減少関数であり，買い主の利得は，aの減少関数，bの増加関数である。

　ここで，本章で分析した結果をまとめると以下のようになる（**図表16－2**）。

図表16－2 売り主がリスク中立的，買い主がリスク愛好的な場合

パラメータ	売り主の交渉解	買い主の交渉解
p	増加	減少
a	増加	減少
b	減少	増加

5 交渉モデル分析の結果

　本章で分析された結果は，図表16－1および図表16－2によると，まず，M&A取引の価格交渉において，パラメータp, a, bが増加したといえども，リスク選好を異にする主体の交渉においては，交渉解の減少をもたらすことがあり得ることである。

　次に，売り主がリスク回避的であり，買い主がリスク中立的な場合，パラメータpの変化に対する反応に，各主体で非対称性が見られる。具体的には，

リスク回避的な売り主に対しては，常に利得の増大をもたらすが，リスク中立
的な買い主に対しては，その効果が一定ではないことである。

　さらに，パラメータa,bは，どちらも将来の不確実性により起こり得るため，
これらの変化は，各主体に同じ反応をもたらすと予想されていた。しかし，売
り主がリスク回避的であり，買い主がリスク中立的な場合は予想の従う結果で
あったものの，売り主がリスク中立的であり，買い主がリスク愛好的な場合に
おいては，予想に反する結果であった。具体的には，パラメータaの増加は，
リスク中立的な売り主の利得を増加させ，リスク愛好的な買い主の利得を減少
させる。しかしながら，パラメータbの増加は，これと全く逆の結果を生じさ
せるのである。

　本章では，M&A取引における売り主と買い主の異質なリスク選好を有する
場合，交渉に影響を与える要素を特徴づけるため，交渉問題を設定し分析を
行った。

　もちろん，ここで設定したモデルは，パラメータをp,a,bに限定しているな
ど，その仮定は極めて単純化されており，現実のM&A取引における交渉行動
様式[16]のすべてが考慮されているわけではない[17]。

　しかしながら，M&A取引の交渉は経営者に委ねられており，売り主および
買い主の各経営者がそれぞれの企業の株主利益の最大化を目指して真摯に交渉
を行う限り，交渉の成立する企業の取引価格は，売り主と買い主の株主が折半
して享受する交渉解に定まる可能性が高いと予想されたものの，各主体の異な
るリスク選好次第で利得の変化を生じさせ，いずれかの企業の株主が，M&A
取引の成果をより多くまたは少なく享受することもあることを示唆している。

　このモデルが示唆するところに従えば，たとえ，M&A取引の際に，ある主
体が，合理的な根拠に基づいて，情報収集を十分に行い，DCF法による理論
的価格の算定を緻密に行ったとしても，M&A取引における経営者による交渉
の場においては，各主体のリスク選好の異質性を起因に，利得に非対称的な影
響を与える可能性があることが明らかになった。

▶注

1 日本経済新聞電子版（2019年5月26日）「国内M&A，件数過去最大に」
https://www.nikkei.com/article/DGXMZO45281990V20C19A5EA1000/

2 狭義では，企業の支配権の移転を伴う取引のみを呼ぶこともあるが，支配権の移転
を伴わない少数出資も，企業に影響力を行使しうる程度の株式数が取得される場合
はM&Aに含まれる。なお，親会社による子会社の完全子会社化取引は支配権をよ
り強化するための取引として本章では対象としない。

3 企業には，その一部である事業も含むものとする。

4 M&A取引は，買収対象会社の株式の売買という法形式で行われることもあれば，
新株発行およびその引受けという法形式で行われることもある。これ以外にも，公
開買付け，合併，株式交換，株式移転，会社分割や事業譲渡等の個別の事情に応じ
て，さまざまな法形式を用いて行われている。

5 企業がM&Aを行う際に，経営資源の有効活用や異なる事業を組み合わせることに
より，単なる利得の合計だけでなく付加価値を生み出す効果のことをシナジーとい
う。このシナジーが，M&A取引のコストを上回ることを「効率的M&A」とすると，
そうでないことを「非効率的M&A」という。シナジーから取引コストを差し引い
た値が「M&Aの成果」であり，言葉の定義から明らかな通り，効率的M&Aは社会
の厚生を増大させるパレート効率的な取引であり，非効率的買収は社会の厚生を減
少させる取引である。

6 いわゆる友好的買収にあたるが，経営者間の同意を得ずに行われる敵対的買収もあ
る。

7 本章での企業とは，会社法上の公開会社，すなわち，発行される株式の全部または
一部を自由に譲渡できる株式会社のことであり，経営者とは，業務執行取締役また
は執行役のことである。実際の会社には複数の経営者がいる場合が多いが，議論を
簡潔なものとするために，議論の対象とする企業には，あたかも1名の経営者しか
いないかのように記述を進める。

8 本章では，不確実性とリスクの違いを特段に区別せずに用いる。

9 M&A取引に存在する情報の非対称性を減少させるために，各取引主体が，当該対
象会社や事業に関する情報を収集し分析および検討する手続（デュー・ディリジェ
ンス）を実施する。この手続は，M&Aを実施する主体の取締役の善管注意義務の
履行という点で重要な意味があるものである。

10 もちろん，ファイナンス理論の発展や企業価値評価実務の積み重ねによって，これ
らについても標準的な評価手法は存在しているが，この評価プロセスの複雑さと必
要性はM&A取引を特殊たらしめている大きな要素である。

11 2次元平面上の凸コンパクトな集合である。

12 企業に影響力を行使しうる程度の複数の株式数が取得される場合における本件株式
数はその集合として非分割なリスク資産であると仮定する。

13 ここでは，簡便化のため割引率は考慮しない。

14 将来の価格で売却するときの利得を目的として取引を行うとする。

15この条件は，一般的に売り主のリスク回避度＞買い主のリスク回避度の場合に成立するので，本件の2つのケースはその中の一部に過ぎない。

16情報の非対称性や取引費用の考慮のほか，経営者と株主の利益相反関係，さらに非合理的な主体等は交渉に影響を与えることが予想される。

17ここまでの議論では，果実を主体間でいかに配分するかという一次元的な交渉を論じてきたが，実際には，M&A取引の交渉要素が多岐に及ぶことが多い。こうした要素は原則として金額に換算できるが，各主体が認める価値の違いから換算後の金額に大きな差が生じる場合もある。この点に着目すれば，交渉の新しい落とし所を見いだせる可能性もある。

▶参考文献

Howell E. Jackson, Louis Kaplow, Steven M. Shavell, W. Kip Viscusi & David Cope [2017] *Analytical Methods for Lawyers Third Edition*, Foundation Press.

McMillan, J. [1996] *Games, Strategies and Managers : How Managers Can Use Game Theory to Make Better Business Decisions*, Oxford University Press.（伊藤秀史・林田修訳 [1995]『経営戦略のゲーム理論—交渉・契約・入札の戦略分析』有斐閣）

Nash, J. F. [1950] Equilibrium Points in N-person Games, *Proceedings of the National Academy of Sciences of the United States of America*, 36 (1): 48-49.

Rubinstein, A. [1982] Perfect Equilibrium in a Bargaining Model, *Econometrica*, 50: 97-110.

白井正和 [2013]『友好的買収の場面における取締役に対する規律』商事法務。

西村あさひ法律事務所編 [2019]『M&A法大全（上）〈全訂版〉』商事法務。

中山龍太郎 [2014]「M&A取引における数理的思考」『論究ジュリスト10号』有斐閣。

第**17**章

MM命題とポストMM命題の諸理論
―理論史的視座からの統合的理解を目指して

1 MMの無関連性命題の衝撃

(1) MMの問題提起をめぐって

　コーポレート・ファイナンスのテキストブックに登場するMM命題（Modigliani-Miller proposition）は，後にノーベル経済学賞を受賞することになるフランコ・モディリアーニ（Modigliani, F.）とマートン・ミラー（Miller, M. H.）の1958年論文によって提起されたものである。MM命題は今日でもコーポレート・ファイナンスを学ぶ多くの学生や実務家を当惑させるものだ。企業の市場価値は，企業がどのような資金調達方法をとっているのかという資本構成とは関係がないという命題だからである。

　その後，企業価値や資本構成をめぐる理論はModigliani & Miller［1958］（以下，MM［1958］という）が想定した仮定の一部をより現実的なものに置き換えることによって展開されていくが，一見すると相対立する諸理論が論争を繰り広げている。ポストMM命題としては，トレードオフ理論，エージェンシー理論，ペッキングオーダー理論，および行動ファイナンスの観点から興味深い知見を提供しているタイミング理論などが挙げられる。

　本章では，MM［1958］を再考した後に，ポストMM命題の諸理論を概観し，実証研究における諸理論の対立・論争を統合的に理解する視座を提供した亀川

［2012］の到達点を，コーポレート・ファイナンスの理論史の中に位置づける。

(2) MMの第1命題－無関連性命題

　MM命題は，モディリアーニとミラーの1958年論文によって，当初は完全競争下の資本構成理論として提起された。すなわち，MM［1958］はそれまでの伝統的な資本構成理論や企業価値理論とは全く異なる3つの命題を提起したが，いずれも完全競争下の演繹的な理論である。

　一般に，完全競争市場とは次のような条件を満たす市場である。

　「(1) 同種類の財をつくる企業の生産物は同質である。

　(2) 消費者・企業は多数存在し，その個々の取引量は市場全体での取引量に比べて十分小さい。

　(3) 個々の消費者・企業は，その行動を決定する際に，他の消費者・企業に与える影響を考慮しない。

　(4) 個々の消費者・企業は，市場価格や財の特性について完全な情報をもっている。【情報の非対称性は存在しない】

　(5) 長期的には企業の参入・退出は自由である。」（西村［1990］，207頁。【　】内は引用者による補足）

　MM［1958］では，上記の他にも，個人と企業が同じ利率で借入ができるとか，税金や取引費用が存在しないという仮定を置いている。

　そうした仮定の下で，MM［1958］は次の第1命題を提示した。

　「企業の市場価値はその資本構成から独立しており，企業の市場価値はその（リスク）クラスに相応しい比率でその期待収益を資本還元することによって求められる。」（MM［1958］，p.268. 原文はイタリック）

　これは無関連性命題と呼ばれ，今日でもコーポレート・ファイナンスを学ぶ多くの学生や実務家を当惑させるものだ。

　すなわち，MMの第1命題のメッセージは次のようなものである。企業の市場価値はバランスシートの左側（資産構成）によって決まる。つまり，企業価値は企業の将来キャッシュ・フローを，そのリスクを考慮した資本還元率で割

り引いて求められる現在価値である。したがって，企業価値はバランスシート
の右側（負債や資本からなる資本構成）とは関係がない。企業価値が資本構成
から独立しているということは，企業が投資を行う際に，銀行借入や社債の発
行を行うのか，あるいは新株を発行するのかといった資金調達の方法によって，
企業価値は影響を受けないということである。

　このようにMMの第1命題は当時の伝統的な理論を覆すものであり，アカデ
ミズムにおいても衝撃的なものであった。

（3）WACCとは―負債コストと株主資本コストの加重平均

　ここで加重平均資本コスト（WACC: Weighted Average Cost of Capital）
について，標準的な理論に基づき整理しておく[1]。後述するMMの第2命題を
理解するうえでも有用であるからだ。

　資本コストとは，資本市場で要求される最低限の期待収益率であり，資本提
供者が要求する必要収益率といえる。これは経済学の機会費用の考え方に基づ
き，リスクを反映した概念である。

　資本提供者は，その負担するリスクの相違によって債権者と株主に大別され
る。同様に，企業の資本は他人資本と自己資本に大別される。このため資本コ
ストは，債権者の必要収益率と株主の必要収益率から構成され，前者は負債コ
スト，後者は株主資本コストと呼ばれる。具体的には，負債コストは社債や銀
行借入れなど負債の利子率であり，株主資本コストは株式の期待収益率である。

　企業の資本コストは，負債コストと株主資本コストの加重平均であり，
WACCと呼ばれる。WACCは次式で定義される。

$$WACC = \frac{D}{D+E}r_D(1-T) + \frac{E}{D+E}r_E \tag{1}$$

　D：負債の価値，E：株主資本の価値，r_D：負債コスト，
　r_E：株主資本コスト，T：法人税率

負債コストr_Dに$(1-T)$を掛けるのは，利子費用が損金として処理されるので，その分だけ法人税の負担が軽くなるからである。

なお，複数の事業を営む企業において，リスクは事業ごとに異なるため，理論的にはWACCは事業ごとに推計されるべきである。

2／ MMの第2命題と第3命題の意味すること

(1) MMの第2命題

前述したWACCは税引後のものであるが，税金が存在しないと仮定した場合のWACCをr_Aとすれば，r_Aは次式で示される[2]。

$$r_A = \left(\frac{D}{D+E} \times r_D \right) + \left(\frac{E}{D+E} \times r_E \right) \tag{2}$$

これを借入のある企業の株式の期待収益率r_Eについて解くと，次式を得る[3]。

$$r_E = r_A + (r_A - r_D) \frac{D}{E} \tag{3}$$

この(3)式から，企業の株式の期待収益率である株主資本コストr_Eは，市場価値で示される負債・自己資本比率が上昇すれば，それに比例して高くなることがわかる。これがMMの第2命題である。

なぜ負債・自己資本比率の上昇は，株主資本コストを上昇させるのか。それは負債・自己資本比率の上昇が，株主から見たリターンの不確実性（リスク）を上昇させるため，株主はそうしたリスクの上昇に見合うより高いリターンを求めるからである。これは借金をしてレバレッジを掛ければ掛けるほど，その投資はハイリスク・ハイリターンになるということと同じである。

MM［1958］は，第2命題を次のように提示している。

　「ある企業の株式の期待収益率は，その（リスク）クラスで自己資本のみ
で資金調達している企業の営業利益の流列（*a pure equity stream in the
class*）を資本還元するのに相応しい資本化率（*the appropriate
capitalization rate*）ρ_kに財務リスクに関連するプレミアムを加えたものに
等しく，このプレミアムは，負債・自己資本比率と，ρ_kとrのスプレッド
との積に等しくなる。」（MM［1958］，p.271. 原文はイタリック）

　(3)式の右辺の第1項は税引前WACCであり，第2項は財務リスク・プレミ
アムを示している。リスク・プレミアムとは，リスクをとることに対する報酬
である。(3)式から，自己資本のみで資金調達している企業の株主資本コスト
は税引前WACCと等しくなる（$r_E = r_A$）ことがわかる。

(2) MMの第3命題

　MMの第3命題とは，企業の限界資本コストは平均資本コストに等しく，そ
れは自己資本のみで資金調達している企業の資本コスト（税引前WACC）で
あり，それは銀行借入や社債の発行，あるいは新株の発行を行うのかといった
資金調達の方法によって影響を受けないというものである。

　MM［1958］は第3命題を次のように提示している。

　「（リスク）クラスkの企業が意思決定時点で株主の利益に最もかなうよ
うに行動するならば，その企業は投資の収益率ρ^*がρ_kに等しいか，それ
よりも大きい場合にのみ，投資機会を利用するだろう。つまり，その企業
の投資の打切り率（*cut-off point*）はいかなる場合もρ_kであり，その投資
のための資金調達に使われる証券の種類によってまったく影響されないだ
ろう。言い換えると，資本調達の方法にかかわらず，企業の限界資本コス
トは平均資本コストに等しく，平均資本コストはそのクラスで自己資本の
みで資金調達している企業の営業利益の流列（unlevered stream）を資本
還元する資本化率に等しいといえる。」（MM［1958］，p.288. 傍点箇所は
原文ではイタリック）

　亀川［1993］はMMの第3命題について，「彼らは，資本構成と平均資本コ

ストの無関連性を主張し，資本調達と資本運用を分離したのである」（亀川［1993］，158頁）と指摘し，これを「均衡市場の分離定理」と呼んでいる。

　さらに，亀川［1993］は「この最後の命題は，それまでの二つが資本市場に関する命題であったのと対照的に，企業の財務政策に関する規範的な意思決定基準を示すものとなっている」（亀川［1993］，158頁）と指摘している。

　このようにMM命題は一定の仮定の下で演繹的に構築された理論であり，とりわけ第3命題は規範理論あるいは規範解であり，現実の経済現象から帰納的に導出された理論ではない。

　MM［1958］が想定した仮定の一部をより現実的なものに置き換えることによって，企業価値や資本構成をめぐるその後の理論は展開されていくことになる。

3 ポストMM命題の諸理論の展開

(1) トレードオフ理論

　税の存在を考慮すると，負債の利子費用は損金算入されるので，負債・自己資本比率（負債比率）の上昇は負債の節税効果の増大を通じて企業価値を増大させる[4]。他方，負債比率の上昇は，財務上の困難（financial distress）に伴うコスト（倒産コストや倒産以外の財務上の困難に伴うコスト）の増大を通じて企業価値を減少させる。倒産コストに関する先駆的研究としては，ジェロルド・ワーナー（Warner, J. B.）の1977年論文が挙げられる。

　トレードオフ理論によれば，企業価値は次式で示される。

　　　企業価値＝自己資本のみで資金調達した場合の現在価値
　　　　　　　　＋負債による節税効果の現在価値
　　　　　　　　－財務上の困難に伴うコストの現在価値

　すなわち，企業価値は，①自己資本のみで資金調達した場合の現在価値に，②負債による節税効果の現在価値を加え，それから③財務上の困難に伴うコストの現在価値を引いたものになる。②と③は負債比率の上昇とともに増大するので，②と③はトレードオフの関係にある。

　トレードオフ理論とは，節税効果の限界ベネフィットと財務上の困難に伴う限界コストを一致させる負債・自己資本比率が最適資本構成であるという理論である。トレードオフ理論は最適資本構成の規範解を想定している。

(2) エージェンシー理論

　最適資本構成をめぐるエージェンシー理論の先駆的な業績としては，マイケル・ジェンセン（Jensen, M.）とウィリアム・メックリング（Meckling, W.）の1976年論文が挙げられる。すなわち，株主・経営者間，および債権者・経営者間の情報の非対称性に注目すれば，エージェンシー・コストを考えることができる。株主・経営者間の場合，株主をプリンシパル（委託者），経営者をエージェント（受託者）とすれば，監査やディスクロージャーのためのコストは，株式発行のエージェンシー・コストとなる。これは自己資本比率を高めるほど上昇する（負債比率を高めるほど減少する）だろう[5]。

　債権者・経営者間の場合，債権者をプリンシパル，経営者をエージェントとすれば，債務制限条項等の機会コストは，負債のエージェンシー・コストとなる。これは自己資本比率を高めるほど低下する（負債比率を高めるほど上昇する）だろう。こうしたエージェンシー・コストの総和の現在価値を最小にするような負債・自己資本比率が最適資本構成となる。エージェンシー理論も，トレードオフ理論と同様に，最適資本構成の規範解を想定している。

(3) ペッキングオーダー理論

　亀川［2012］はペッキングオーダー理論について，次のように述べている。
　「ペッキングオーダー理論は，Myers and Majluf［1984］およびMyers［1984］が資金調達の序列化に関する経験則から構築した仮説である。企

業が最小コストの資本調達方法を選択することで，資金調達源泉に序列化
が生じる。最初に取引コストの少ない内部資金が利用され，不足部分は借
入金などの負債を用い，負債利用の制限に応じて新株引受権付き社債など
のハイブリッド証券を発行し，最後に発行コストの高い株式による増資を
行うというものである。情報コストの低い順に資本調達が行われ，情報コ
ストの上昇に応じて，株式市場に対する負のシグナルを発信することとな
る。情報の非対称性を序列化の原因とすることで，新株発行は，株価の過
大評価時に行われるという仮説である。」（亀川［2012］，3頁）。

　このようにペッキングオーダー理論は，株主や債権者といった資金提供者と
企業（経営者）の情報の非対称性に注目する点はエージェンシー理論と同様で
あるが，資金調達の序列化に関する経験則から帰納的に構築された理論であり，
最適資本構成の規範解を想定していない。

(4) タイミング理論—行動ファイナンスの観点から

　タイミング理論は，マルコム・ベイカー（Baker, M.）とジェフリー・ワーグ
ラー（Wurgler, J.）が2002年論文で提起した理論である。この理論は資金提供
者と企業（経営者）の情報の非対称性に注目し，企業は自社の株価がその簿価
や過去の株価に対して相対的に割高であるときに新株を発行し，株価が割安で
あるときに自社株買いを行うという経験則から構築された理論である。この意
味でタイミング理論は，行動ファイナンスの観点から，証券市場における株価
形成が非合理的に行われることに注目する仮説といえる。

　例えば，株式市場が過熱して自社の株価が割高であるとき，企業はたとえ資
金需要がなくても株式を発行する。反対に，株式市場が低迷して自社の株価が
割安であるとき，企業は自社株買いを行ったり，資金需要がある場合は社債を
発行するなど株式発行以外の手段で資金調達を行ったりする。

　つまり，タイミング理論は，非合理的な証券市場において，企業はマーケッ
ト・タイミングを図るという理論である。ペッキングオーダー理論と同様に，
タイミング理論も最適資本構成の規範解を想定していない。

とりわけタイミング理論は，規範理論ではなく記述理論の色彩が強い。一般に，記述理論は合理的な意思決定を規範とし，規範からの逸脱（departure from norm）がどのように起こるのかを考察する。規範からの逸脱を考察すれば，企業経営者・株主・債権者等の人間がより良い意思決定を行うにはどうすれば良いかという処方理論が登場するのは自然なことであろう。今後もタイミング理論は，記述理論，処方理論として発展していくことになるだろう。

実際に我が国の資本市場を見ても，異次元の金融緩和が続く中で，長期の社債を発行する上場企業は増加している。また，東証1部上場企業であるソフトバンクグループは，その子会社で携帯電話事業を手がけるソフトバンクを，2018年12月19日に東証1部に新規に上場させて，約2兆6,000億円の資金調達を行った。ソフトバンクグループが子会社を上場させるという「親子上場」に踏み切ったのは，当時の株価水準（とりわけ子会社のソフトバンクの新規公開株価）は割高であると判断していたからなのかもしれない。

4 理論史的視座からの統合的理解を目指して

MM命題の提起した企業価値と資本構成および資金調達の序列をめぐって，その後の諸理論は相対立する実証研究結果を提示してきた。

亀川［2012］はトレードオフ理論とペッキングオーダー理論を動学的な視点で解釈し直すことで2つの理論を統合的に理解し，一見相対立する実証研究結果を整合的に説明することに成功している。すなわち，資本市場の需給要因がWACCを変化させ，これが企業価値を変化させ，これが企業の最適資本構成の均衡解を移動させ，企業の資金調達行動に影響を与えることを指摘している。

亀川［2012］の指摘するように，企業の資金調達は資本市場との相互関係で成立しているのだから，最適資本構成や企業価値や資金調達の序列を考察する際には，静学的均衡理論を超えて動学的視点で考察すべきであろう。

ところで，MM［1958］は，その結論部分で次のように述べている。

「我々のアプローチは，静学的な（static）部分均衡分析のそれであった。」

（MM［1958］, p.296）

　この指摘を深読みするならば，MM［1958］の後の研究において，最適資本構成や企業価値や資金調達の序列を考察する際には，静学的均衡理論を超えて動学的視点で考察すべきことを，MM［1958］はすでに指摘していたと考えることができる。

　この結論部分でのMM［1958］の指摘を亀川［2012］を踏まえて読み込むとき，MM［1958］は半世紀先の研究の方向性まで予言していたように思われる。このように最新の研究を踏まえて古典を読み込むと，温故知新とも言うべき発見がある。

▶注

[1] 本項は竹田［2009］，44-45頁に負う。
[2] この定式化は，Brealey *et al.*［2011］, p.425（邦訳上巻707-708頁）に従う。
[3] Brealey *et al.*［2011］では省略されているが，途中式は次の通りである。

$$\frac{E}{D+E} \times r_E = r_A - \frac{D}{D+E} \times r_D$$

$$r_E = r_A \times \frac{D+E}{E} - \frac{D \times r_D}{D+E} \times \frac{D+E}{E}$$

$$r_E = \frac{r_A \times D + r_A \times E}{E} - \frac{D \times r_D}{D+E} \times \frac{D+E}{E}$$

$$r_E = \frac{r_A \times D}{E} + \frac{r_A \times E}{E} - r_D \times \frac{D}{E}$$

$$r_E = r_A + (r_A - r_D)\frac{D}{E}$$

[4] Modigliani & Miller［1963］は税金の存在を考慮して，無関連性命題を修正している（MMの修正命題）。
[5] 本項は竹田［2009］，48頁に負う。

▶参考文献

亀川雅人［1993］『企業資本と利潤―企業理論の財務的接近〈第2版〉』中央経済社。
亀川雅人［2012］「トレードオフ理論とペッキングオーダーの関連性―ペッキングオーダー理論の動学的解釈」『立教DBAジャーナル』第2号，3-18頁。
小宮隆太郎・岩田規久男［1973］『企業金融の理論―資本コストと財務政策』日本経

済新聞社。

鈴木健嗣［2017］『日本のエクイティ・ファイナンス』中央経済社。

竹田聡［2009］『証券投資の理論と実際―MPTの誕生から行動ファイナンスへの理論史』学文社。

西村和雄［1990］『ミクロ経済学』東洋経済新報社。

諸井勝之助［1989］『経営財務講義〈第2版〉』東京大学出版会。

Baker, M. & Wurgler, J. ［2002］ "Market Timing and Capital Structure," *Journal of Finance*, 57(1), pp.1-32.

Brealey, R., Myers, S. & Allen, F. ［2011］ *Principles of Corporate Finance*, 10th ed., McGraw-Hill. (藤井眞理子・國枝繁樹監訳［2014］『コーポレートファイナンス〈第10版〉（上）・（下）』日経BP社)

Jensen, M. & Meckling, W. ［1976］ "Theory of the Firm: Managerial Behavior, Agency Cost, and Ownership Structure," *Journal of Financial Economics*, 3(4), pp.305-360.

Modigliani, F. & Miller, M. H. ［1958］ "The Cost of Capital, Corporation Finance and the Theory of Investment," *American Economic Review*, 48(3), pp.261-297.

Modigliani, F. & Miller, M. H. ［1963］ "Corporation Income Taxes and the Cost of Capital: A Correction," *American Economic Review*, 53(3), pp.433-443.

Myers, S. C. ［1984］ "The Capital Structure Puzzle," *Journal of Finance*, 39(3), pp.574-592.

Myers, S. C. & Majluf, N. S. ［1984］ "Corporate Financing and Investment Decisions When Firms Have Information that Investors Do Not Have," *Journal of Financial Economics*, 13(2), pp.187-221.

Warner, J. B. ［1977］ "Bankruptcy Costs: Some Evidence," *Journal of Finance*, 32(2), pp.337-347.

索　引

【編著者紹介】

亀川　雅人（かめかわ　まさと）
博士（経営学）。東京交通短期大学助教授，獨協大学経済学部助教授，立教大学経営学部（大学院ビジネスデザイン研究科）教授を経て，2020年4月より文京学院大学大学院特任教授兼副学長。
現在，日本マネジメント学会会長，経営行動研究学会副会長，日本財務管理学会理事を務める。最近の著書に『株式会社の資本論』（中央経済社，2018），『ガバナンスと利潤の経済学』（創成社，2015）などがある。

粟屋　仁美（あわや　ひとみ）
博士（経営管理学）。立教大学大学院ビジネスデザイン研究科博士課程修了。
マツダ株式会社，比治山大学短期大学部准教授を経て，敬愛大学経済学部教授。
現在は経営哲学学会常任理事，日本マネジメント学会理事，経営行動研究学会理事等を務める。著書に『CSRと市場―市場機能におけるCSRの意義』（立教大学出版会，2012），『再生の経営学―自動車静脈産業の資源循環と市場の創造』（白桃書房，2018）などがある。

北見　幸一（きたみ　こういち）
博士（経営学）。立教大学大学院経済学研究科経営学専攻博士後期課程修了。
北海道大学准教授，株式会社電通パブリックリレーションズ部長を経て，2017年より東京都市大学都市生活学部（大学院環境情報学研究科）准教授。日本広報学会常任理事。著書に『企業社会関係資本と市場評価』（学文社，2010），『インターナル・コミュニケーション経営』（共著，経団連出版，2019）などがある。

【執筆者紹介・執筆分担】

亀川　雅人（かめかわ　まさと）　立教大学経営学部　　　　　　　　　序　章
　　　　　　　　　　　　　　　　（大学院ビジネスデザイン研究科）教授
　　　　　　　　　　　　　　　　博士（経営学）

山中　伸彦（やまなか　のぶひこ）　立教大学経営学部　　　　　　　　第1章
　　　　　　　　　　　　　　　　（大学院ビジネスデザイン研究科）教授
　　　　　　　　　　　　　　　　博士（経営管理学）

小具　龍史（おぐ　たつし）　　　二松学舍大学国際政治経済学部准教授　第2章
　　　　　　　　　　　　　　　　博士（経営学）

平井　直樹（ひらい　なおき）　　立教大学大学院ビジネスデザイン研究科　第3章
　　　　　　　　　　　　　　　　助教
　　　　　　　　　　　　　　　　博士（経営管理学）

粟屋　仁美（あわや　ひとみ）　　敬愛大学経済学部教授　　　　　　　第4章
　　　　　　　　　　　　　　　　博士（経営管理学）

小野　美和（おの　みわ）　　　　立教大学大学院ビジネスデザイン研究科　第5章
　　　　　　　　　　　　　　　　博士課程後期課程，コンサルティング
　　　　　　　　　　　　　　　　会社勤務

北見　幸一（きたみ　こういち）　東京都市大学都市生活学部准教授　　第6章
　　　　　　　　　　　　　　　　博士（経営学）

黒田　明彦（くろだ　あきひこ）　企業広報戦略研究所フェロー　　　　第7章
　　　　　　　　　　　　　　　　博士（経営管理学）

林　　征治（はやし　まさはる）　株式会社ニコン　　　　　　　　　　第8章
　　　　　　　　　　　　　　　　博士（経営管理学）

當間　政義（とうま　まさよし）　和光大学経済経営学部教授　　　　　第9章
　　　　　　　　　　　　　　　　博士（経営学・経営管理学）

高垣　行男（たかがき　ゆきお）　駿河台大学経済経営学部教授　　　　第10章
　　　　　　　　　　　　　　　　博士（経営管理学・学術）

大坪英二郎（おおつぼ　えいじろう）　公益財団法人ダイヤ高齢社会研究財団　第11章
　　　　　　　　　　　　　　　　企画調査部長
　　　　　　　　　　　　　　　　博士（経営管理学）

八木麻衣子（やぎ　まいこ）　　　聖マリアンナ医科大学東横病院　　　第12章
　　　　　　　　　　　　　　　　博士（経営管理学）

馬場　晋一（ばば　しんいち）　　長崎県立大学講師　　　　　　　　　第13章
　　　　　　　　　　　　　　　　博士（経営管理学）

谷川　寿郎（たにかわ　としろう）　東京経営短期大学専任講師　　　　第14章
　　　　　　　　　　　　　　　　博士（経営管理学）

河合　博子（かわい　ひろこ）　　高崎商科大学教授　　　　　　　　　第15章

下川　智広（しもかわ　ともひろ）　立教大学大学院ビジネスデザイン研究科　第16章
　　　　　　　　　　　　　　　　客員教授
　　　　　　　　　　　　　　　　博士（経営管理学）

竹田　　聡（たけだ　さとし）　　愛知大学地域政策学部教授　　　　　第17章
　　　　　　　　　　　　　　　　博士（経営管理学）

市場とイノベーションの企業論

2020年2月25日　第1版第1刷発行

編著者	亀	川	雅	人
	粟	屋	仁	美
	北	見	幸	一
発行者	山	本		継
発行所	㈱中 央 経 済 社
発売元	㈱中央経済グループ
	パ ブ リ ッ シ ン グ

〒101-0051　東京都千代田区神田神保町1-31-2
電　話 03 (3293) 3371 (編集代表)
　　　　03 (3293) 3381 (営業代表)
http://www.chuokeizai.co.jp/

製　版／三英グラフィック・アーツ㈱
印　刷／三 英 印 刷　㈱
製　本／誠　製　本　㈱

© 2020
Printed in Japan